일러두기

- 이 책에서 언급된 우리나라 법률상 나이는 법률에서 기본적으로 적용하는 만 나이입니다.
- 이 책에서 언급된 '소년'은 소년법에서 19세 미만인 사람을 이르는 말로 소년과 소녀를 총칭합니다.

십대톡톡_01

촉법소년, 살인해도 될까요? 월간 책씨앗 선정, 학교도서관저널 추천

펴낸날 초판 1쇄 2023년 5월 25일 | 초판 4쇄 2024년 4월 1일

글 김성호 | 그림 고고핑크 | 감수 허승
편집 이정아 | **디자인** 캠 | **홍보마케팅** 이귀애 | **관리** 최지은 이민종
펴낸이 최진 | **펴낸곳** 천개의바람 | **등록** 제406-2011-000013호
주소 서울시 영등포구 양평로 157, 1406호
전화 02-6953-5243(영업), 070-4837-0995(편집) | **팩스** 031-622-9413

© 김성호, 2023 | ISBN 979-11-6573-414-5 43330

십대
톡톡
01

촉법소년
살인해도
될까요?

경계에 선
소년법

글 김성호
그림 고고핑크
감수 허승

천개의바람

청소년을 뜻하는 영어 'YOUTH'는 라틴어로 '성장한다', '성숙에 이른다'라는 뜻이에요. 요컨대, 청소년은 완성이 아닌 과도기라는 뜻이에요. 부모의 보호와 도움에 전적으로 의지해야 하는 아동기와 자립이 가능한 성인의 중간 단계에 위치해 있어요. 아기처럼 응석을 떨며 귀여움을 받기에는 이미 뺨에 여드름이 숭숭 나버렸고, 어른 흉내를 낼라치면 '건방지네', '머리에 피도 안 마른 게' 어쩌고 하는 소리를 들어야 해요.

불안정한 위치에 놓인 청소년은 종종 궤도를 이탈한 우주선처럼 방황해요. 교사와 부모의 충고나 지적을 고색창연한 잔소리쯤으로 여기고, 비슷한 선호도를 가진 또래들끼리 패거리를 형성하며 사회가 금지한 반사회적 행동을 저지르기도 해요. 문제는 청소년이 이런 반사회적 행동을 해도 14세 미만이면 처벌할 수 없어요. 14세 미만은 형법 9조가 규정한 형사 미성년자 연령이에요. 아이들은 이 사실을 너무도 잘 알고 있어요.

2022년 법무부는 촉법소년 연령을 현재의 14세 미만에서 13세 미만으로 한 살 낮추는 법 개정을 발표했어요. 뉴스가 보도되자 SNS와 인터넷 커뮤니티는 후끈 달아올랐어요. 다수의 인권 단체들은 입을 모아 법무부의 법 개정을 완강하게 반대하고 나섰어요. 촉법소년 연령을 낮추는 것은 더 많은 소년 전과자를 양산할 뿐이며, 이런 식의 엄벌주의는 소년 범죄를 예방하는 데 결코 도움이 되지 않을 거라고 말이에요. 반면, 전체적인 국민 여론은 긍정적이었어요. 아니, 한 살 낮추는 정도로는 부족하다는 강경한 목소리도 있었어요. 흉포하고, 대담하고, 교활하며, 지능적이기까지 한 소년 범죄에 그동안 국민들이 얼마나 스트레스를 받았고 신경이 잔뜩 곤두섰는지를 짐작할 수 있는 대목이었어요.

법무부나 인권 단체의 입장은 극과 극처럼 보이지만 사실 그들이 궁극적으로 추구하는 목표는 동일해요. 그것은 소년 범죄율을 줄여서 안전한 사회를 만드는 것이에요.

이 책은 촉법소년을 중심으로 소년법에 얽힌 다양한 이야기와 역사, 그리고 알아두면 좋을 법 상식 등을 담았습니다. 재미있게 읽어주세요.

한 해의 마지막 날에 김성호

차례

나는 촉법소년 이다

소년법에는 '촉법소년'이 없다

2000년 8월 14일 새벽 2시 50분,

불이 꺼진 이와사키 씨 집은 고요했어요. 화장실 창문을 통해 들어온 범인은 서바이벌 나이프를 꺼냈어요. 이와사키 씨 가족 여섯 명 모두 나이프에 찔려 쓰러졌어요. 범인은 집에 기름을 끼얹었고 불을 붙였지만 현관 일부만 좀 탔을 뿐 불이 크게 번지지는 않았어요. 하지만 이와사키 씨 가족 세 명은 숨졌고, 나머지 세 명은 부상을 입었어요. 일본 오이타현의 한적한 시골 마을 노즈마치에서 일어난 일가족 살해 사건이었어요.

범인은 이와사키 씨 이웃에 살던 15세 소년이었어요. 소년은 이와사키 씨네 목욕탕을 훔쳐보거나, 여자 속옷을 슬쩍하곤 했어요. 하지만 꼬리가 길면 밟힌다고 결국 들키고 말았어요. 이와사키 씨는 '아이에게 주의 좀 주세요'라며 소년의 부모에게 불만을 전했고, 소년은 부모에게 크게 꾸지람을 들었어요. 소년은 이와사키 씨 가족에게 앙심을 품고 그들을 제거할 계획을 세웠어요.

일본 사회는 부글부글 끓어올랐어요. 소년의 범행이라기에는 수법이 너무 잔인했고, 시기도 퍽 절묘했어요. 이 사건은 일본 소년법 개정을 한 달 앞둔 시점에 발생했어요. 당시 일본에서 형사 처벌 가능 연령은 만 16세였는데, 흉악한 소년 범죄가 잇달아 발생하면서 일본 국회는 촉법소년 연령을 14세 미만으로 낮추는 소년법 개정안을 준비하고 있었거든요.

범행 당시 15세였던 소년은 한 달 차이로 아슬아슬하게 촉법소년이 되어 형사 처벌을 피할 수 있었어요. 소년은 교도소가 아닌 소년원에 이송되었어요.

촉법소년은 최근 10년간 우리 사회를 가장 뜨겁게 달군 이슈 중 하나예요. 흥미로운 사실은 소년법 어디에서도 '촉법소년'이라는 단어를 찾을 수 없다는 점이에요. 민법, 상법 등 다른 법전에도 촉법소년이라는 단어는 나오지 않아요. 하루가 멀다 하고 뉴스와 신문에서 보도하고, 대통령과 법무부 장관도 입에 올리는 촉법소년이 정작 법전에 없는 용어라는 사실은 당혹스럽게 들릴 수도 있어요. 여기에는 그럴 만한 이유가 있어요.

촉법소년은 일본에서 흘러 들어온 용어예요. 우리나라가 일본의 식민지였던 1922년에 일본은 소년법을 제정했어요. 일본 소년법에 이런 구절이 있어요.

> ♀ **형벌 법령에 저촉되는 행위를 한 14세 미만의 소년**
> [일본 소년법 2장 3조 2항]

법, 촉, 소년, 이 글자들을 대충 조합해 만든 단어가 촉법소년이에요. 정식 용어는 아니고, 일본 법조계 사람들이 자기들끼리 쓰던 그들만의 단어였어요.

1945년, 우리나라는 독립했어요. 당연히 우리나라만의 새로운 법을 만들면서 정부는 여러 번 소년법 제정을 위한 법률안을 국회에 제출했어요. 많은 논의 끝에 최초 제안 후 9년 3개월이 흐른 1958년 7월 24일에 국회법사위원회를 통과했어요.

> ♀ **형벌 법령에 저촉되는 행위를 한 10세 이상 14세 미만인 소년**
> [우리나라 소년법 4조]

일본 소년법과 비슷하죠? 차이가 있다면, 우리나라 소년법은 촉법소년의 하한선(10세 이상)과 상한선(14세 미만)을 모두 명시했지만, 일본 소년법은 14세 미만이라는 상한선만 있다는 점이에요. 하지만 실제로 일본도 10세 이상부터를 촉법소년으로 인정해요. 촉법소년은 물론, 앞으로 살펴볼 우범소년, 범죄소년도 일본식 용어가 잔재로 남은 표현이에요.

촉법소년이 형사 처벌을 받지 않는 건 소년법과 관계없다

2020년에 〈이태원 클라쓰〉라는 드라마가 큰 인기를 끌었어요. 드라마 초반부에 고등학생들이 신분을 속이고 술집에서 술을 마시다 경찰 단속에 적발되는 장면이 나와요. 경찰은 미성년자에게 술을 판매한 술집에 영업 정지 한 달이라는 처분을 내려요. 하지만 이 모든 원인을 제공한 고등학생들은 어떤 처벌도 받지 않았어요.

형법이라는 법이 있어요. 어떤 행위를 하면 죄가 되고, 어떤 처벌을 받는지 등을 규정한 법이에요. 법정 드라마에서 판사가

범인에게 '형법 몇 조에 의해 몇 년 이하의 징역, 얼마의 벌금을 내야 한다'라고 판결하는 장면이 많은데, 이런 재판을 형사 재판이라고 불러요. 그런데 형법을 제정할 때, 사람들은 한 가지 예외 규정을 만들었어요.

애들은 봐주자, 애네들은 어려서 자신이 뭘 잘못했는지도 몰라.

영국 **관습법**에 돌리 인카팍스(Doli incapax)라는 라틴어 구절이 있어요. '잘못을 저지를 수 없다'로 해석하는 데 구체적으로는 10세 미만은 옳고 그름을 판단할 능력이 없어서 책임을 물을 수 없다, 즉 처벌할 수 없다는 뜻이에요.

✦ **관습법** 법전에는 적혀 있지 않지만, 오랜 세월 사회에서 관행처럼 굳어져 법률로 인정된 것

도서관이나 식당에 가면 고래고래 소리를 지르고, 망아지처럼 뛰어다니는 아이들이 있어요. 몹시 짜증이 나지만 그래도 대부분 참아요. 대신 아이들을 방치한 부모에게 따져요. 아이들은 너무 어려서 자신의 행동이 타인에게 피해를 준다는 사실을 모르지만, 부모는 그렇지 않으니까요.

이처럼 어떤 행동이 올바른지, 나쁜지를 구별할 수 있는 능력을 책임 능력이라고 불러요. 우리나라 형법은 만 14세 미만은

책임 능력이 없으므로 범죄를 저질러도 책임을 물을 수 없다고 즉, 처벌할 수 없다고 규정하고 있어요.

○─ (형사 미성년자) 14세 되지 아니한 자의 행위는 벌하지 않는다
    [형법 9조]

　형사는 강력반의 김 형사나 마약반의 박 형사가 아니라, 형법의 적용을 받는 사건으로 폭행, 절도, 살인 등의 범죄를 뜻해요. 바로 여기가 사람들이 가장 많이 오해하는 대목이에요. 많은 사람들은 촉법소년이 형사 처벌을 받지 않는 건 소년법 때문인 줄 알아요. 하지만 소년법이 아니라 형법 9조 때문이에요. 소년법은 범죄를 저지른 미성년자에게 적용되는 특별법이에요.

촉법소년은 정말로 특혜일까?

우리나라에서 14세 미만은 **면죄부**를 지녔다고 볼 수 있어요. 형법 9조는 횟수 제한도 없고, 범죄의 종류　　✦ **면죄부** 책임이나 죄를 없애주는 일

도 가리지 않는 무적의 아이템이에요. 술에 취해 편의점을 뒤엎고, 건물에 불을 지르고, 반 아이를 몇 시간 동안 개처럼 끌고 다니며 때리고, 심지어 살인을 해도 이 아이들을 어찌지 못해요. 14세가 되면 면죄부의 효력이 사라지는 단점이 있기는 하지만 말이에요.

그렇다면 형법 9조를 확 없애면 어떨까요? 14세 미만도 죄

형법 9조
14세 되지 아니한 자의
행위는 벌하지 않는다.

지으면 성인과 똑같은 처벌을 받게 하는 거예요. 만인은 법 앞에 평등한 법이거늘, 어리다는 이유로 처벌을 받지 않는 건 너무 불공평한 일 아닐까요?

이건 가장 손쉬운 해결책처럼 보이지만, 사실상 불가능해요. 예쁜 지우개나 인형을 슬쩍하는 아이들이 더러 있어요. 이런 행위는 특별한 악의 없이 단순한 호기심이나 갖고 싶은 마음에 저질러버려요. 또 아이들은 사소한 일로도 치고받고 싸우곤 해요. 그런데 엄정한 법의 잣대를 들이대면, 첫 번째는 절도죄, 두 번째는 쌍방 폭행죄가 성립해요. 둘 다 형법 위반, 즉 형사 처벌 대상이에요.

형법 9조가 없어지면 어떻게 될까요? 친구의 머리채를 잡은 어린이집 원생 혜미와 사탕을 훔친 유치원생 복길이와 연예인에게 악플을 단 초등학생 윤서가 형사 법정에서 유죄 판결을 받고 비엔나소시지처럼 줄줄이 포승줄에 묶여 교도소로 이동하는 모습을 우리는 볼 수도 있어요. 전국에서 어린이 전과자가 잇따라 나올 테고, 국가의 미래는 뿌리부터 흔들릴 거예요. 최악의 인권 탄압으로 악명 높은 북한을 포함한 전 세계 모든 국가가 빠짐없이 형사 미성년자 제도를 유지하는 건 그만한 이유가 있어요. 유엔(UN) 아동권리위원회도 가입국에게 형사 미성년자 연령을 유지할 것을 권고하고 있고요.

흠, 그렇다면 어떻게 해야 할까요? 형법 9조를 폐지할 수도 없고, 그렇다고 악동들의 폭주를 언제까지 눈 뜨고 지켜볼 수도 없어요. 그래서 만들어진 것이 촉법소년이에요. 형사 미성년자 중에서 가장 연령대가 높고, 사고도 가장 많이 치는 10세에서 13세까지를 별도의 그룹으로 뚝 떼어내서 관리하는 거예요. 죄를 지으면 야단은 치되, 교도소에 보내서 전과자로 만들지 않아야 해요. 전과자로 만들면 형법 9조에 위배되니까요. 그 밖에 다시 범죄를 저지르지 않도록 비뚤어진 성향도 교정해주고, 만일 가정 환경이 불우하다면 조정해줘요.

촉법소년은 죄질에 따라 재판을 받기도 해요. 하지만 이 재판은 유죄, 무죄를 판단하는 형사 재판이 아니에요. 마치 말을 안 듣는 학생에게 반성문을 쓰게 하고, 화장실 청소를 시키는 것과 비슷해요. 말하자면, 교육적 성격이 강한 재판이에요. 이름도 소년 보호 재판이에요.

"네가 뭘 잘못했는지 알겠지?"

"네, 판사님."

"좋아, 그럼 벌 받으면서 반성해. 그리고 약속해, 앞으로 이런 짓 안 하겠다고."

촉법소년은 판사의 명령에 따라 징계를 받아요. 징계의 종류는 무척 다양해요. 죄질이 가벼우면 교육을 듣거나 상담을 받지만, 죄질이 무거우면 야간에 외출을 금지당하거나, 최악의 경우에는 감옥이나 다름없는 소년원에서 최대 2년간 살아야 해요. 세상 무서운 줄 모르고 날뛰던 아이들에게는 행동의 자유가 제한당하는 것만으로도 상당한 스트레스예요. 징계란 그런 것이니까요. 하지만 징계는 징계일 뿐, 형벌은 아니므로 아이들은 전과자가 되지는 않아요. 이것이 촉법소년이에요.

소년법의 촉법소년 덕분에 국가는 형법 9조를 건드리지 않고도 사실상 처벌 효과가 있는 처분을 내릴 수 있는 거예요. 소년 보호 재판에서 판사가 내린 조치를 '보호 처분'이라고 불러요. 만일 촉법소년을 폐지하면 어떻게 될까요? 그나마 이 불량소년을 견제했던 유일한 수단마저 사라지고 말아요. 소년원에 갈 걱정이 없어진 불량소년들은 더욱 기고만장해서 날뛰지 않을까요? 촉법소년은 사람들이 생각한 것처럼 특혜가 아니에요.

왜 하필 14세일까?

13세의 민구와 14세의 대치는 같이 범죄를 저질렀어요. 그런데 경찰이 두 아이를 대하는 방식은 달라요. 13세의 민구는 촉법소년이라서 법적으로 경찰은 민구를 구속할 수 없어요. 경찰은 민구를 보호자가 있는 집으로 귀가시켜야 해요. 14세의 대치는 법적으로 범죄소년에 해당해요. 범죄소년은 범죄를 저지른 14세 이상 19세 미만을 말해요. 범죄소년은 애매한 위치예요. 이름은 소년인데, 형사 미성년자는 아니에요. 그렇다고 완전한 어른 취급도 받지 못해서 소년법의 적용을 받아요. 죄질이 가벼우면 보호 처분으로 끝나지만, 죄질이 무거우면 성인 범죄자처럼 형사 처벌을 받아야 해요. 소년과 성인에 각각 한 발씩 걸치고 있는 셈이라고나 할까요?

같은 범죄를 저질러도 누구는 촉법소년으로 누구는 범죄소년으로 분류된다는 사실이 고개를 갸우뚱하게 만들어요. 14세라는 기준에는 우리가 모르는 어떤 심오한 의미가 있는 것일까요?

	만 10세 미만	만 10~14세 미만	만 14~19세 미만
	범법소년	촉법소년	범죄소년
형사 처분	X	X	O
보호 처분	X	O	O

연령에 따라 다른 처분

우리나라는 형법과 소년법 등 법을 제정할 때 일본과 여러 나라의 법을 참고했어요. 그런데 일본의 형

✦ **바이마르 공화국** 1919년부터 1933년까지 있었던 독일의 공화국 체제

법은 **바이마르 공화국** 시대의 독일 형법을 모델로 했어요. 그 당시 독일은 초등학교까지만 의무 교육이었어요. 13세에 학교를 졸업하면 직업을 얻어 사회에 진출하는 게 일반적이었죠. 요컨대 독일에서 14세는 아동과 성인을 구별하는 나이였어요. 이 조항이 일본의 형법에 고스란히 옮겨졌고, 다시 일본을 거쳐 우리나라에도 전해진 거예요.

현재 세계 각국은 자신들의 실정에 맞는 형사 책임 최저 연령을 적용하고 있어요. 우리나라 외에도 독일, 일본, 오스트리아, 이탈리아, 스페인 등 여러 국가가 14세를 형사 책임 최저 연

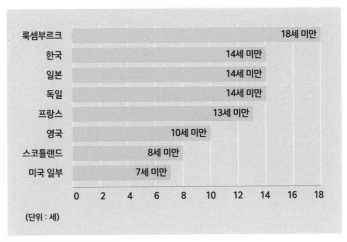

국가별 형사 미성년자 연령

령으로 규정하고 있어요. 형사 책임 최저 연령이 가장 높은 국가는 룩셈부르크로 18세예요. 형사 책임 최저 연령이 가장 낮은 지역은 미국 플로리다주(州)로 7세예요. 미국은 같은 나라여도 주마다 형사 책임 최저 연령이 달라요. 동북부 매사추세츠주의 형사 책임 최저 연령은 12세예요. 이렇게 주마다 다른 이유는 미국이 51개의 주로 이루어진 연방 국가이기 때문이에요. 미국은 각 주마다 법을 만드는 의회와 군대인 주방위군이 있으며, 주마다 법이 조금씩 달라요.

여기에 숨으면
못 잡는다

형사 미성년자는 범죄를 저질러도 나이 때문에 처벌을 받지 않는 특혜를 누려요. 그런데 범죄자가 특정 장소에 몸을 숨기면 체포되지 않는 특권도 있었어요. 지금이 아닌 수백 년 전의 이야기지만 말이에요.

1987년, 서울에서 시위를 하던 대학생들은 경찰의 추격을 받으면 명동 성당 안으로 들어갔어요. 거칠 것 없던 경찰도 성당 앞에서는 발걸음을 멈춰야 했어요. 종교 시설이 내뿜는 묘한 위엄 때문이었어요. 공권력도 함부로 발을 들이지 못하는 장소, 이런 곳을 보호 구역 혹은 성역이라고 불러요.

유럽에는 아질(asyl)이라는 독특한 피난처 문화가 있었어요. 아질은 그리스어로 '불가침'이라는 뜻이에요. 고대 그리스에서 범죄자나 탈주한 노비, 빚을 잔뜩 지고 도주 중인 채무자들은 추적자가 따라붙으면 허겁지겁 신전으로 몸을 숨기곤 했어요. 그럼 추적자들은 닭 쫓던 개처럼 멀뚱멀뚱 신전의 입구만 바라봐야 했어요. 그 사람이 누구든, 어떤 짓을 했든, 신전으로 들어온 이상 그들은 신의 보호를 받을 자격이 있다고 간주되기 때문이에요. 그래도 억지로 데리고 가겠다며 고집을 피우면 신에 대항하는 불경한 죄인이 되어 큰 처벌을 받게 되지요.

교회나 성당 등의 종교 시설 외에도 신성한 숲, 묘지, 가도(길), 나루터, 방앗간, 심지어 개인의 집도 필요하면 아질로 사용되었어요. 도망자는 일단 한숨을 돌렸지만 그렇다고 해서 영원히 그곳에 머무를 수는 없었어요. 그들에게 주어진 시간은 대략 40일 정도예요. 그 안에 다른 피난처를 찾아서 떠나야 했어요. 물론, 이 사실을 잘 알고 있는 추적자들은 아질 앞에서 진을 치고 도망자가 나오길 기다리곤 했어요.

재미있는 사실은, 약속한 40일이 지나도 도망자에게는 대개 한 번의 기회가 더 주어졌다는 점이에요. 도망자는 창밖으로 돌을 휙 던지고 집 밖으로 뛰쳐나가요. 도망자가 그 돌을 주워서 다시 집 안으로 돌아올 때까지 추적자에게 잡히지 않으면 다시 40일을 더 숨을 수 있어요. 아질은 교황과 교회 등, 종교의 힘이 속세 권력인 왕권을 능가했던 중세였기에 가능한 일이었어요. 중세가 막을 내리고 유럽의 왕권이 강성해진 16세기부터 아질은 폐지되었어요. 오늘날 아질은 '망명자들을 위한 피난처'라는 의미로 사용되고 있어요.

민주화 운동의 성지, 서울 명동성당

겁 없던 조선의 소년들

당연한 말이겠지만, 조선 시대에도 범죄는 있었고 소년범도 있었어요. 곡식 도둑질부터 살인까지 다양한 유형의 소년 범죄가 있었어요. 조선은 이 문제아들을 어떻게 다루었을까요? 기록에는 소년범 처리 문제를 두고 왕과 신하가 치열하게 고민한 흔적들이 많이 남아 있어요.

세종과 좁쌀 도둑

세종 11년(1429년), 15세 이하 소년이 좁쌀 한 말을 훔쳤어요. 조선은 이런 절도범에게는 얼굴과 팔에 먹물로 죄명을 새겨 넣는 벌을 내렸어요. 이 문신형은 육체적 고통보다는 정신적 피해가 큰 형벌이었어요. '나는 전과자입니다'라고 쓴 팻말을 들고 다니는 것과 다름없어서 사람들에게 멸시와 조롱의 대상이 되었으니까요.

조선의 형법은 명나라 법인 대명률을 근간으로 삼았어요. 대명률에는 70세 이상과 15세 이하가 유배형 이하의 죄를 저질렀을 때 형벌은 내리지 않고 벌금만 징수한다는 규정이 있어요. 유배형은 집을 떠나 먼 곳으로 보내는 형벌을 말해요. 이 규정은 오늘날의 형사 미성년자 제도와 살짝 닮은 구석이 있어요. 문제는 대명률에 15세 이하 절도범에게 문신형을 해야 하는지, 하지 말아야 하는지에 대한 구체적인 언급이 없었다는 사실이에요. 이 문제를 놓고 세종과 신하들 간에 논쟁이 벌어졌어요.

세종　아직 어린아이 아니더냐? 굳이 얼굴에 글자까지 새길 필요는 없을 것 같은데.

예조판서 신상　전하! 어리다고 벌하지 않으면, 이 아이는 법을 우습게 여기고 또 죄를 저지를 것입니다.

세종　음······.

판부사 허조　전하, 대명률에 따르면 노인과 아이가 죄를 지으면 곤장은 치지 않고 벌금만 거둔다고 했습니다. 얼굴에 문신을 새기는 형벌은 곤장보다 가혹한데 어찌 이것이 가능하겠습니까!

세종　(옳거니!) 방금 판부사가 한 말 들었지? 거봐, 어린이에게 문신을 새기는 건 가혹하다고 했잖아!

우여곡절 끝에 좁쌀 도둑은 치욕스러운 문신형을 피할 수 있었어요. 세종은 더 나아가 15세 이하와 70세 이상은 살인과 강도죄가 아니라면 구속할 수 없다고 못을 박았어요.

고귀하신 이름을 함부로 부른 소년들

태종 13년(1413년), 소년 넷이 **혜정교** 거리에서 장치기를 하며 놀고 있었 어요. 재미로 각자 공에 주상, 효령군, 충녕군이라는 이름을 붙여 부르면서요. 주상은 임금인 태종을, 효령군은 태종의 둘째 아들을, 충녕군은 훗날 세종이 되는 태종 의 셋째 아들을 가리켜요.

✦ **혜정교** 오늘날 광화문 우체국 주변에 있던 다리로, 1958년에 시작된 청계천 복개공사로 사라짐

그런데 공이 물에 빠지자 한 소년이 외쳤어요.

"효령군이 물에 빠졌다!"

하필이면 그때 효령군의 유모가 혜정교를 지나갔어요. 효령군의 유모는 효령군이 진짜로 물에 빠진 줄 알고 깜짝 놀랐어요. 유모는 아이들의 장난이라는 것을 깨닫고 화가 나서 관아에 신고했어요. 신분 제도가 엄격했던 조선 시대에 하늘 같은 임금님과 왕자님의 이름을 공에 빗대어 부르며 키득댔으니 이건 보통 일이 아니었어요. 자칫 임금을 능멸하고 왕실을 모욕한 죄로

극형에 처해지거나 온 집안사람이 노비가 될 수도 있었어요. 그런데 보고를 받은 태종은 대수롭지 않은 듯 말했어요.

태종　열 살짜리 아이들이 철모르고 한 짓일 뿐인데 무슨 벌을 준단 말이냐, 그냥 풀어주고 다시는 이 일을 입에 올리지 마라!

아이들은 무사히 풀려났다고 해요.

동네 형을 살해한 꼬마

숙종 7년(1681년), 한양에 사는 준걸이라는 아이가 동네 형 호랑이를 때려 죽였어요. 준걸이는 9세, 호랑이는 11세였어요. 궁궐에서는 꼬마 살인범 준걸이의 처분을 놓고 회의가 열렸어요.

신하1　살인 사건입니다. 마땅히 곤장도 때려가면서 엄히 그 죄를 물어야 합니다.
숙종　죄를 엄히 묻다니…… 어떻게 처벌해야 한다는 것인가?
신하2　극형에 처해야 합니다.

숙종 살인자를 사형에 처하는 것이 법이기는 하나, 고작 아홉 살 아이다. 어리석고 철이 없어서 그랬을 테니, 다시 상의를 해보라.

신하들은 9세 아이에게 사형은 가혹하다는 숙종의 의견을 받아들였어요. 준걸이는 다행히 목숨은 건졌지만 집에서 멀리 떨어진 곳으로 끌려가는 유배형을 받았어요.

숙종이 사망하고 약 60년 후인 1785년, 조선은 《대전통편》이라는 법전을 편찬했어요. 《대전통편》에는 '10세 미만은 죄를 용서하고, 10세 이상은 형벌 등급을 줄인다'라는 조문이 있어요. 또 1822년에 편찬한 형법책 《흠흠신서》에도 '어린이는 사형의 형벌을 가볍게 한다'라는 내용이 있고요.

어린 준걸이에게 사형 대신 유배형을 내린 숙종과 신하들의 결정은 《대전통편》과 《흠흠신서》의 조문에 부합한다고 볼 수 있어요. 조선은 죄인을 처벌할 때 명나라의 대명률을 참고했지만, 조선의 현실에 맞지 않는 내용은 바꿔서 적용했어요. 소년범을 처벌할 때도 융통성을 발휘해 조선의 실정에 맞춰 주체적인 법 해석을 내렸지요.

민사 재판과 형사 재판은 뭐가 다를까?

1994년 6월 12일 오후 10시 55분,

미국 서부 로스앤젤레스의 고급 주택에서 한 쌍의 남녀가 흉기에 찔린 채 시체로 발견되었어요. 피살자는 니콜 브라운이라는 여성과 그녀의 남자 친구 골드만이었어요. 경찰은 브라운의 전 남편이자 전설적인 미식축구 선수 O. J. 심슨을 살인범으로 지목하고 체포했어요. 심슨은 무죄를 주장했어요.

그렇게 미국 형사 재판 역사에 길이 남을 재판이 시작되었어요. 재판은 시종일관 심슨에게 불리하게 진행되었어요. 검찰이 재판부에 제시한 증거들은 하나같이 'O. J. 심슨이 진범!'이라고 말하고 있었어요. 심슨의 피 묻은 양말에서 브라운의 DNA가 나왔고, 피살 현장에서 발견된 발자국도 심슨의 것과 일치했어요. 특히, 피살 현장에 떨어져 있던 피 묻은 가죽 장갑에서 심슨과 피살자 두 명의 DNA가 몽땅 검출되면서 심슨의 유죄는 의심의 여지가 없어 보였어요.

1995년 6월 15일, 재판에서 장갑을 착용하는 O.J. 심슨

그때 극적인 반전이 일어났어요. 심슨이 장갑을 껴보니 너무 작아 손에 잘 들어가지 않았어요. 이 한 방에 재판은 뒤집혔고, 심슨은 무죄 판결을 받았어요.

하지만 이게 끝이 아니었어요. 민사 재판이 자유의 몸이 된 심슨을 기다리고 있었어요. 재판은 크게 형사 재판과 민사 재판으로 나눌 수 있어요. 형사 재판이 유죄와 무죄를 판단하는 재판이라면, 민사 재판은 개인과 개인 간에 발생한 다툼과 분쟁을 해결하는 재판이에요. 우리에게는 형사 재판이 익숙하지만, 사실 재판의 70%는 민사 재판이에요.

민사 재판은 대부분 돈과 관련이 있어요. 예를 하나 들어볼까요? 영철이가 친구 상만이에게 맞았어요. 영철이는 상만이를 경찰에 고소했고, 상만이는 형사 재판에서 폭행죄가 인정되어 교도소에 수감되었어요. 하지만 영철이는 이 정도로 끝낼 생각이 없어요.

"상만이가 교도소에 들어갔다고 해서 뭐가 달라지지? 난 지금도 그때 맞은 상처가 아파. 직장도 그만뒀고 병원비도 많이 썼어. 게다가 그때 일만 생각하면 무서워서 잠도 못 자. 이런 나의 경제적, 육체적, 정신적 피해를 돈으로 보상받아야겠어!"

영철이는 상만이를 상대로 민사 소송을 제기했고, 이때 열리는 게 민사 재판이에요. 살해당한 브라운과 골드먼의 유가족은 심슨을 상대로 거액의 민사 소송을 제기했어요. 법원은 심슨에게 약 370억 원의 배상금을 지급하라고 판결했어요.

뭐가 좀 이상하지 않나요? 형사 재판에서 심슨은 분명히 무죄 판결을 받았어요. 그런데도 민사 법원이 유가족의 손을 들어준 이유는 무엇일까요?

재판은 증명이 중요해요. 99개의 증거가 확실해도, 단 1개가 어긋나면 애써 쌓은 탑이 와르르 무너질 수 있어요. 발자국도 일치하고, 양말에 묻은 DNA도 일치했지만, 손에 맞지 않는 가죽 장갑 하나로 심슨이 무죄가 된 것처럼 말이에요. 형사 재판에서 이토록 엄격한 증명을 요구하는 것은 선량한 시민을 보호하기 위해서예요. 억울한 사람이 누명을 쓰고 범죄자가 될 수 있으니, 증명에 완벽함을 요구하는 거예요.

민사 재판은 달라요. 형사 재판은 99%로도 부족할 수 있으나, 민사 재판은 과반, 그러니까 대략 51%만 증명에 성공해도 소송에 이길 수 있어요. 이것이 민사 법원이 심슨을 살인범이라고 판단한 이유예요.

물건을 부수고 사람을 폭행하고, 오토바이와 자동차 따위를 훔치는 등의 촉법소년 사건이 심심찮게 발생하는 요즘이에요. 이런 흉악한 짓을 저지르고도 반성하기는커녕 당당한 아이들이 있어요. 촉법소년은 형사 처벌 대상이 아니라는 것을 잘 알고 있기 때문이에요. 하지만 촉법소년 같은 형사 미성년자는 형사 처벌을 받지 않는다는 것이지, 민사상 손해배상책임까지 면제받는다는 의미는 아니에요.

촉법소년이 저지른 범죄로 육체적, 경제적, 정신적 피해를 본 사람은 소년의 보호자(부모)에게 민사 소송을 제기해 손해배상금을 청구할 수 있어요. 촉법소년은 대부분 경제력이 없기 때문에 감독할 책임이 있는 부모에게 청구하는 거예요.

미국이 유엔 아동권리협약에 가입하지 않는 이유

어린 시절은 단순함을 의미합니다.
아이의 눈으로 세상을 보세요, 참으로 아름다울 겁니다.

2014년, 노벨 평화상을 받은 인도의 시민운동가 카일라시 사티아르티의
말이에요. 안타깝게도 현대의 많은 어린이는 단순한 눈으로 세상을 보지
못하고 있어요. 매년, 7천 명 이상의 어린이가 어른에 의해 전쟁터로
끌려가고, 100만 명 이상의 어린이가 성적 착취를 당하고, 300만 명
이상의 어린이는 중노동으로 사망해요.

어린이를 전쟁과 노동과 성적 착취로부터 보호하려면 어떤 법적 구속력
있는 문서가 필요해요. 그것이 유엔 아동권리협약이에요.1981년 11월
20일, 유엔은 어린이의 권리를 포괄적으로 담고 있으며 법적 구속력을
가진 아동권리협약을 발표했어요. 우리나라는 1991년에
이 협약을 비준했어요. 비준이란 국가가 협약한 내용에 합의하고,
그 협약을 잘 지키겠노라며 동의하는 절차를 말해요.

문제는 미국이에요. 미국은 유엔을 이끄는 국제 사회의 리더이자 190개가

넘는 유엔 회원국 중 아동권리협약을 비준하지 않은 유일한 국가예요. 왜일까요? 아동권리협약은 국가가 비준한 순간, 국내법과 동일한 효력을 가져요. 이것은 종종 기존의 국내법과 충돌을 일으켜요. 가령, 아동권리협약에는 18세 미만 청소년의 사형을 금지한다는 내용이 있어요. 미국은 21세기 초까지 청소년의 사형 집행을 허용한 국가예요. 54개 조로 구성된 아동권리협약의 모든 내용을 수용하려면 미국은 거의 헌법을 개정하는 수준으로 법을 뜯어고쳐야 해요.

또 아동권리협약에 따르면 어린이는 자신의 종교를 스스로 선택할 수 있으며, 부모가 자녀를 때리거나 성교육을 시키는 것을 거부할 수 있어요. 많은 미국인은 이 조항이 부모의 고유한 교육권을 침해한다고 생각해요.

이 협약이 미국 가족의 자유와 독립의 가치를 훼손할 것이다.

미국의 전 상원의원 짐 데민트도 이렇게 말하며 불편한 감정을 표현했어요. 차라리 비준을 안 하고 마는 게 미국으로서는 속 편한 일이었어요. 비준을 안 한다고 해서 큰일이 생기는 것도 아니에요. 대체 누가 감히 미국을 상대로 불평할 수 있겠어요?

흥미로운 사실은 아동권리협약은 가장 많은 국가가 비준한 협약 중 하나이자 동시에 가장 많은 국가가 위반한 협약 중 하나라는 점이에요. 또 아동권리협약은 우리나라가 형사 책임 최저 연령을 14세로 유지할 것을 권고하고 있지만, 권고는 권고일 뿐 법적 강제성은 없어요.

소년 보호 재판

검사를 만나느냐 만나지 않느냐

어젯밤, 보석상에 강도가 들었어요. 경찰은 목격자를 찾기 위해 현장을 탐문했어요.

동네 주민 수상한 사람이라, 맞다, 이웃집 김 씨가 며칠 전부터 보석상 앞을 괜히 어슬렁거리는 것을 봤어요.
경찰 앗! 그렇습니까?

경찰은 김 씨가 범인일지도 모른다고 생각했어요. 하지만 김 씨가 범인이라는 구체적인 증거는 아직 없었어요. 이렇게 범죄 혐의가 뚜렷하지 않지만, 경찰이 지목한 범인 후보를 **용**

의자라고 해요.

며칠 후, 보석상 CCTV에서 용의자 김 씨와 무척 닮은 얼굴을 발견했어요. 옳거니! 경찰은 김 씨를 체포했어요. 하지만 CCTV 속 사진과 닮았다는 이유로 경찰은 김 씨를 범인으로 단정할 수 없어요. 유죄인지 무죄인지를 최종적으로 판단하는 주체는 경찰이 아닌 법원 판사이기 때문이에요. 유죄 판결이 있을 때까지는 무죄로 추정한다! 이것을 무죄 추정의 원칙이라고 불러요. 그래서 경찰은 김씨를 용의자에서 **피의자**라는 호칭으로 바꿔 불러요. 피의자는 범인으로 의심받는 사람을 뜻해요.

이제 경찰의 역할은 끝났어요. 경찰은 피의자인 김 씨의 자료를 검찰청에 보내요. 검찰청은 검사가 근무하는 국가 기관이에요. 이렇게 수사 기관의 자료를 다른 기관에 보내는 것을 **송치**라고 불러요. 검사는 경찰로부터 넘겨받은 피의자의 자료를 검토한 다음 결정을 내려야 해요.

피의자가 범인이 확실하다고 판단되면 검사는 형사 법원에 재판을 신청해요. 이것을 **기소**라고 불러요. 기소된 순간부터 김 씨의 호칭은 피의자에서 **피고인**으로 바뀌어요. 형사 재판을 받아야 하는 사람이란 뜻이에요. 피고인이 법원에서 유죄 판결이 확정되어 교도소에 수용되면 **수형자**로 호칭이 바뀌어요. 반대로 피의자가 범인이 아니거나, 범인으로 판단할 증거가 부족하면 검사는 기소하지 않아요. 피의자는 재판을 받지 않고 풀려나 자유의 몸이 되겠지요.

이렇게 형사 사건은 경찰, 검찰, 법원의 3단계 절차를 밟아요. 그중에서 검사는 경찰과 법원을 잇는 역할을 해요. 범인으로 의심받는 사람이 형사 재판을 받느냐 마느냐는 검사의 판단에 달려 있으니까요.

소년 사건은 어떨까요? 우선, 14세 미만은 형사 미성년자이므로 애초에 검사와 만날 일이 없어요. 촉법소년은 경찰이 사건을 수사한 다음 법원 소년부에 사건을 접수해요. 경찰, 법원의 2단계 절차예요. 14세 이상 범죄소년은 검사를 피할 수 없어요. 소년법에 따라 소년 보호 재판을 받을 수도 있지만, 형사 재판을 받을 수도 있기 때문이에요. 어떤 재판을 받을지 일차적

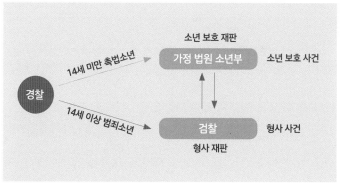

나이에 따라 달라지는 소년 사건 처분 절차

으로 결정하는 권한은 오직 검사에게 있어요.

그렇다면 소년 보호 재판과 형사 재판을 결정하는 기준은 무엇일까요? 사실, 구체적이고 명확한 기준은 없어요.

검사 죄가 가볍고, 이런저런 사정을 고려하면 이 소년은 보호 처분이 적합하겠어!

검사가 이렇게 판단하면 법원 소년부로 사건을 송치해 소년 보호 재판을 받도록 해줘요. 그런데 여기서 돌발 상황이 발생할 수도 있어요.

소년부 판사 흠, 이 소년의 죄는 절대 가볍지 않군. 이건 보호 처분이 아니라 형사 처벌 감이야!

사건을 넘겨받은 소년부 판사가 소년의 죄질이 **금고형** 이상이라고 판단하면, 판사는 이 사건을 다시 검찰로 돌려보내요. 말하자면, 판사가 검찰청 검사에게 송치하는 재판을 한 거예요. 이렇게 결정한 사건은 다시 법원 소년부로 돌아올 수 없어요.

✦ **금고형** 징역형처럼 교도소에서 지내야 하지만, 일은 하지 않는 형벌

우범소년에게 통고 제도를

창배는 중학교 1학년 때부터 지각과 결석, 가출을 밥 먹듯이 했어요. 성격이 난폭하고 거칠어서 누구의 말도 듣지 않았어요. 불량한 태도를 지적하던 교사에게 욕설을 퍼붓고 주먹을 휘두른 적도 있어요. 교사는 전치 3주의 상해를 입었어요. 제멋대로 행동하는 창배를 더는 볼 수 없었던 교장은 중대한 결심을 했어요. 교장은 법원 소년부에 소년 보호 사건을 접수했어요.

경찰과 검찰이 아닌데도 법원에 소년 보호 재판을 직접 접수할 수 있는 사람들이 있어요. 부모의 말을 듣지 않는 자식, 교사가 통제할 수 없는 학생, 보육원과 같은 복지 시설의 규칙을 무시하는 원생. 이런 경우 부모는 자식을, 학교장은 제자를, 복지 시설의 장은 원생을 상대로 법원에 사건을 접수할 수 있어요. 이것을 **통고**라고 불러요.

통고 제도는 경찰과 같은 수사 기관이 개입하지 않아도 보호자의 신고만으로 신속하게 소년 보호 재판으로 이어질 수 있는 장점이 있어요. 하지만 통고 제도에도 한 가지 치명적인 문제점이 있어요.

우리는 주변에서 반항적인 아이들을 종종 볼 수 있어요. 툭 하면 가출하거나 불량한 친구들과 우르르 몰려다니고, 밤늦은 시간 공원에서 단체로 술을 마시거나 큰 소리로 노래를 불러 공포 분위기를 조성하는 아이들 말이에요. 이 아이들을 우범소년 이라 불러요. 범죄를 저지를 우려가 있는 소년이란 뜻이에요. 재미있는 사실은 우범소년도 통고 대상이라는 점이에요.

> "흠, 저 아이들은 우리 학교 학생인데, 또 공원에서 술을 마시고 있군. 조만간 사고를 칠 것 같으니까 통고해야겠 어."

이 경우 우범소년은 별도의 수사 절차를 생략하고 소년 보호 재판을 받을 수 있어요. 문제는 우범소년이 무슨 위법한 행동을 한 게 아니라는 점이에요. 밤에 밖에서 노래를 부르고 술을 마시는 행동은 분명 사람들의 눈살을 찌푸리게 만들지만 그 자체가 범죄는 아니에요. 앞으로 범죄를 저지를 가능성이 있다는 이유로 아이들을 법정에 세우는 것은 다소 가혹한 구석이 있어요. 그래서 실제로 미국은 1970년대부터 인권을 침해할 우려가 있다는 이유로 우범소년 통고 제도를 폐지했어요.

러닝머신을
달리는 죄수들

제자리에서 하나 둘! 하나 둘! 달리는 러닝머신은 유산소 운동이나
근력 강화에 효과가 뛰어난 운동기구예요. 러닝머신의 정식 명칭은
트레드밀(treadmill)이에요. 원래 트레드밀은 죄수에게 일을 시키기 위해
고안된 기구였어요.

18세기 후반, 영국 죄수들은 법에 따라 중노동을 해야 했어요. 1818년,
영국 기술자 윌리엄 큐빗은 수십 명이 한꺼번에 올라설 수 있는 대형 원통
모양의 바퀴를 개발했어요. 죄수들이 바큇살을 밟으면 바퀴가 빙글빙글
돌아가고, 이 회전 동력을 이용해 물을 퍼내거나, 곡식을 빻았어요.
트레드밀은 죄수들이 발로 밟아서 돌리는 물레방아 혹은 풍차였어요.

그 무렵, 영국은 프랑스와의 전쟁(나폴레옹 전쟁)에 막대한 돈을 쏟아붓고
있었어요. 영국 정부가 거의 공짜로 부려먹은 죄수들의 노동력은 침체된
영국 경제를 부활시키는 데 나름 공헌했어요. 하지만 죄수들에게는
하루하루가 미칠 것 같은 시간이었어요. 부실한 식사를 제공받으며
평균 6시간을 러닝머신 위에서 달려야 했으니까요. 이것은 매일 지리산
정상까지 올라갔다가 내려오는 강도와 맞먹는 운동량이었어요. 죄수들은

트레드밀에서 바큇살을 밟는 죄수들

탈진해서 픽픽 쓰러져 나갔어요. 1898년, 영국에서 교도소 재소자 인권을
위한 법이 통과되면서 사실상 고문 기구였던 러닝머신은 교도소에서
사라졌어요.

소년 보호 재판의 목적

형사 법정에 가면 다양한 사람들을 만날 수 있어요. 법정에 들어설 때, 가장 먼저 눈에 띄는 사람은 판사예요. 판사는 짙고 어두운 색상의 법복을 입고 법대라고 불리는 높은 자리에 앉아 있어요. 형사 법원의 판사는 한 명인 경우도 있고, 세 명인 경우도 있어요. 판사 한 명이 단독으로 판결하는 것을 단독 재판부라고 불러요. 소매치기나 작은 몸싸움처럼 죄가 가벼운 사건은 단독 재판부가 담당해요. 반대로 살인, 방화, 어린이 유괴 등 죄질이 아주 무겁고 국민과 여론의 관심이 집중된 사건은 판결에 신중을 기하기 위해 세 명의 판사가 합의를 거쳐 판결해요. 이것이 합의 재판부예요.

법대 앞으로는 검사와 변호사가 마주 보고 앉아 있어요. 변호사 옆자리에는 짝꿍처럼 피고인이 앉아 있고요. 두 사람은 하나의 팀처럼 움직여요. 왜냐하면 형사 재판은 검사 대 변호사와 피고인의 대결 구도이기 때문이에요. 검사는 피고인이 죄가 있다고 믿기 때문에 재판을 신청한 사람이에요. 그래서 검사는 재판 내내 피고인을 공격해요. 법 지식에 밝은 변호사는 최선을 다해 피고인을 방어해요. 판사는 양쪽의 의견을 들은 다음 최후에 판단을 내리는 심판이에요.

법정 맨 뒤쪽에는 일반 시민 방청객이나 기자들이 앉는 자리가 있어요. 법원 홈페이지나 법원 게시판에 공지된 재판 일정을 확인하고 누구나 재판을 방청할 수 있어요. 이것을 공개 재판주의라고 불러요. 재판 과정을 공개하는 이유는 사법부가 공정한 재판을 하고 있다는 신뢰와 믿음을 국민에게 주기 위해서예요. 그렇다고 해서 모든 재판이 공개되는 것은 아니에요. 성폭력 재판은 피해자의 사생활 보호를 위해 비공개로 할 수 있어요.

반면 소년 보호 재판은 아주 달라요. 법원 소년부는 합의부가 없고 판사 한 명이 단독으로 진행해요. 검사도 없어요. 소년범과 소년범의 부모, 그리고 소년범을 돕는 변호사는 입장이 허락되지만, 법정에서는 변호인이 아닌 **보조인**으로 불려요. 형사 재판은 판사가 **유죄**를 **선고**하지만, 소년 보호 재판은 **보호 처분**을 **결정**한다고 표현해요. 소년 보호 재판은 노골적이라고 해도 좋을 만큼 형사 재판 특유의 음울하고 어두운 분위기를 지우려고 애쓰고 있어요.

또, 소년 보호 재판은 공개 재판이 아니라 비밀 재판으로 진행되어요. 그래서 방청객도 없어요. 이렇게 법정 문을 꽁꽁 틀

형사 법정　　　　　　**소년 법정**

어 잠그는 이유는 소년범이 어떤 처분을 받은 사실이 세상에 알려지면 나중에 소년이 학교나 사회에 복귀할 때 안 좋은 소문에 휘말려 불이익을 받을 수 있기 때문이에요. 소년 보호 재판의 궁극적 목적은 처벌이 아니라 보호에 있으니까요.

　소년부 판사는 격무에 시달리는 직업이에요. 우리나라에는 약 3천 명의 판사가 있어요. 판사 한 명이 매년 담당하는 사건은 약 460건으로 이는 일본의 세 배, 독일의 다섯 배가 넘는 수치예요. 이 중에서 소년부 판사는 전체 판사의 약 1%인 30명이에요. 이 30명의 판사가 매년 3만 건 이상의 사건을 담당해요. 처리할 사건은 산더미처럼 밀려 있는데 판사는 턱없이 부족하다 보니, 사건 하나에 많은 시간을 소모할 수 없어요.

　소년부 판사는 재판이 끝나도 그 사건에서 벗어나지 못해요.

처분을 받은 아이들이 잘 지내고 있는지, 여전히 문제를 일으키지는 않는지, 아이들을 맡은 시설이 제대로 운영되고 있는지, 혹시 학대는 없는지 등등 수시로 확인하고 점검해요.

덧붙이면 우리나라와 일본, 대만과 같은 아시아 국가는 소년 범을 전문적으로 다루는 소년 법원이 없어요. 가정 법원이나 지방 법원에 소년부를 두고, 거기서 소년 사건을 담당해요. 냉정하게 따지면 법원 소년부는 소년 법원은 아니지만, 그냥 암묵적으로 소년 법원으로 부르고 있어요.

충격과 공포의 소년 분류 심사원

"소년 분류 심사원에 14일간 위탁하겠습니다. 다음 재판일은……"

판사가 그 말을 하는데, 나도 모르게 다리에 힘이 풀려서 털썩 주저앉았어. 진짜 아무 말도 안 나오더라. 법정 경위가 나를 일으켜 세우더니 어떤 방으로 끌고 갔어. 비둘기장이었지. 비둘기장이 뭐냐고? 구속인 대기실을 말해. 어떤 사람이 내 손에 수갑을 채우고 팔과 허리에 포승줄을 묶더라. 이게 꿈이었으면 좋겠다, 이 생각만 났어.

소년 보호 재판을 받은 어느 경험자의 이야기예요. 소년부 판사는 소년범에게 다양한 처분을 내려요. 소년을 부모와 생활하는 집으로 다시 돌려보내는 가벼운 처분부터, 소년원에서 최대 2년까지 생활하는 무거운 처분까지. 그런데 판사가 종종 소

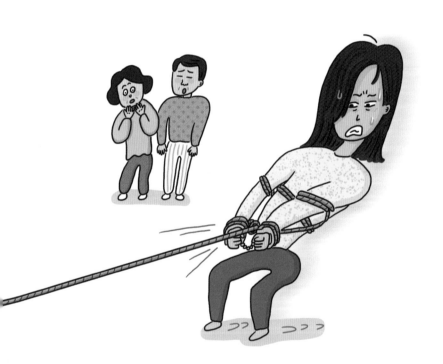

년 분류 심사원 위탁을 결정할 때가 있어요. 위탁이란 다른 사람에게 믿고 맡긴다는 뜻이에요. 그러니까 소년 분류 심사원 위탁은 소년을 소년 분류 심사원이라는 시설에 맡긴다는 뜻이에요. 이것은 소년과 소년의 가족에게는 꽤 어두운 소식이에요. 판사가 판단할 때, 이 소년의 죄질이 꽤 심각하다는 뜻이거든요.

소년 분류 심사원은 구치소에 비유되곤 해요. 구치소는 아직 재판을 받지 않은 피고인이나 구속 상태로 재판을 받는 피고인을 가두는 곳이에요. 재판은 검사가 오늘 기소한다고 해서 내일 바로 열리지 않아요. 검찰이 기소하면 대략 두 달 뒤에 재판이 열려요. 그때까지 피고인이 달아나지 못하게 감시도 하고, 밥도 먹이고, 잠도 재울 수 있는 공간이 필요하겠죠? 거기가 구치소예요. 요컨대, 구치소는 재판에서 유죄냐 무죄냐 확정할 때까지 머무르는 임시 감옥이에요. 그러다 재판에서 유죄를 선고받고 형이 확정되면 그 사람은 구치소를 나와 진짜 감옥으로 옮겨 가는데 그곳이 교도소예요.

소년범에게 소년원이 교도소라면, 소년 분류 심사원은 구치소와 비슷한 곳이에요. 따라서 소년범에게 소년 분류 심사원 위탁 결정은 이렇게 들릴 거예요.

"알겠지? 넌 심사원 생활 끝나면 바로 소년원이야."

내심 가벼운 처분을 기대했던 아이는 하늘이 무너지는 듯한 충격을 받아요. 눈물을 펑펑 쏟는 아이, 털썩 주저앉아 용서해 달라고 싹싹 비는 아이, 욕설을 퍼부으며 거칠게 반항하는 아이, 부모의 옷자락을 부여잡으며 살려달라고 비명을 지르는 아이까지. 법정 안은 통곡과 절망의 아수라장으로 변해요. 재판에 참석한 부모에게도 잊을 수 없는 기억이에요. 조금 전까지 내 옆에 앉아 있던 아들과 딸이 어디론가 끌려가더니, 잠시 후 죄수들처럼 수갑과 포승줄에 묶인 채로 나타나 소년 분류 심사원으로 가는 버스에 올라타는 모습을 무기력하게 지켜봐야 하거든요. 판사의 결정과 동시에 부모와 자식은 그렇게 이별을 해야해요.

소년 분류 심사원은 1977년에 설립되었어요. 소년들은 이곳에서 길게는 한 달 남짓 생활하는데 썩 좋은 환경은 아니에요. 한여름에도 선풍기로 버텨야 할 만큼 시설은 낡았고, 최대 수용 인원 120명을 훨씬 초과하는 200여 명의 거친 문제아들이 바글대고 있어요.

그래도 소년들에게는 이곳에서 보내는 4주 남짓의 생활이 대단히 중요해요. 심사원 직원들이 매의 눈처럼 번뜩이며 아이들의 모습을 관찰하고 상담하거든요. 그 평가가 보고서로 작성되어 소년부 판사에게 전달되는데, 이는 다가올 재판에서 중요한 참고 자료로 활용되어요. 심사원 규칙을 어기고, 직원들의 지시를 따르지 않고, 또래 소년들과 싸움이라도 벌인다면 소년의 보고서는 나쁜 평점이 가득하겠죠. 그런 소년은 훗날 보호 재판에서 무거운 처분을 피할 수 없어요.

보호 처분 풀세트

그럼 지금부터 본격적으로 보호 처분에 대해 알아보도록 해요. 보호 처분 종류는 열 가지예요. 소년부 판사는 소년범의 죄질과 나이, 비행 원인과 가정 환경 등을 고려해 처분을 선택해요. 일반적으로 숫자가 낮을수록 처분은 가볍고, 숫자가 높을수록 처분도 무거워요.

가장 가벼운 1호 처분은 보호자에게 소년을 맡기는 거예요. 그냥 집으로 돌려보내는 거 아니냐고요? 대부분 그렇게 생각할 거예요. 죄질도 가볍고, 이번이 처음인 데다 소년도 깊이 반성하고 있으며, 부모도 앞으로 이런 불미스러운 일이 없도록 자식을 잘 지도하겠다는 의지를 보일 때, 판사는 보호자를 믿고 아이를 맡기는 거예요. 이때 법원은 부모가 제대로 소년을 지도하고 감독할 수 있도록 부모 자식 간에 교환 일기를 쓰게 하거나 특별한 교육을 받게 할 수 있어요. 만일 부모가 귀찮아서, 혹은 바빠서 교육을 제대로 듣지 않으면 과태료를 부과해요. 하지만 부모가 알코올 중독이거나 질병 등으로 아이를 제대로 돌볼 수 없을 때, 법원은 위탁 시설에 아이를 맡길 수 있어요.

2호 처분은 수강 명령이에요. 12세 이상 소년 중에서 접착제나 부탄가스 등 중독성 있는 위험 물질을 상습적으로 흡입하거나 알코올 중독, 성범죄, 학교 폭력 등을 저지른 아이들이 대상이에요. 다행히 아직 초기 단계라서 엄한 처벌보다는 적절한 교육과 상담만으로도 행동을 교정할 수 있다고 판단될 때 내리는 처분이에요. 판사는 소년이 들어야 할 강의의 종류, 강의 장소, 수강 시간을 정해서 소년에게 통보해요. 보통 한 번 출석하면 1시간에서 2시간 정도 강의를 듣는데, 총 수강 시간은 100시간을 넘기지 않아요.

3호 처분은 사회 봉사 명령이에요. 판사는 14세 이상 소년에게 200시간을 넘지 않는 범위 내에서 사회 봉사를 명령할 수 있어요. 부모의 과잉보호로 인해 자기중심적이고 남을 배려할 줄

모르는 소년, 돈을 펑펑 쓰는 소년, 다른 사람의 물건을 훔치는 소년 등이 주로 이 처분의 대상이에요. 하는 일은 휴지 줍기, 양로원이나 복지 시설에 가서 봉사 활동 하기, 벼 베기 등이에요.

4호 처분과 5호 처분은 보호관찰이에요. 보호관찰이란 보호관찰관의 지도와 감독, 보살핌을 받는 것을 말해요. 보호관찰 처분을 받은 소년은 보호관찰소로 가서 신고해야 해요. 그럼 보호관찰소에서 소년을 담당할 보호관찰관을 지정해 줘요. 4호 처분은 단기 보호관찰로 기간은 1년이고, 5호 처분은 장기 보호관찰로 기간은 2년인데 필요한 경우 1년을 더 연장할 수 있어요.

보기에는 간단한 것 같지만, 해당 소년에게 보호관찰은 적잖은 스트레스예요. 술 마시지 말 것, 담배 피우지 말 것, 불량한 친구 누구누구와는 절대 만나지 말 것, 유흥가가 밀집된 어떤 지역에는 가지 말 것, 늦은 밤에는 외출하지 말 것 등등 보호관찰에는 여러 가지 행동 제약이 뒤따르거든요. 만일 이 규칙들을 어기고 밤늦은 시간에 불량한 친구들과 유흥가 일대를 배회하며 술을 마시다 적발되기라도 하면, 보호관찰관은 법원에 보호 처분 변경을 신청할 수 있어요. 이 아이는 이 정도 처분으로는 통제가 안 되니, 더 강도 높은 처분으로 바꿔 달라고 법원에 요구하는 거예요. 상황이 더욱 심각할 때는 보호관찰관이 직접 소년을 잡아 공포의 소년 분류 심사원에 집어넣을 수 있어요.

1호 처분부터 5호 처분까지는 소년이 자신의 집에서 생활하면서 교정을 받는 처분이에요. 이것을 사회 내 처우라고 불러요. 그런데 6호부터는 집을 떠나서 병원이나 소년원과 같은 시설에 수용돼요. 그래서 이것을 시설 내 처우라고 불러요.

6호 처분은 아동 복지 시설 위탁이에요. 10세 이상 소년범 중에서 죄질은 그리 높지 않지만, 부모나 돌봐줄 가족이 전혀 없는 소년이 대상이에요. 이런 복지 시설은 대부분 종교 단체에서 운영하고 있어요.

7호 처분은 의료 시설 위탁이에요. 10세 이상 중에서 정신 질환을 앓고 있거나 마약류와 같은 약물을 남용하고 있어 의료적 치료와 요양이 시급한 소년에게 내리는 처분이에요. 말하자면 병원에 6개월간 입원시키는 처분이에요. 모든 병원에 입원이 가능한 것은 아니고, 법원과 사전에 위탁 계약을 맺은 병원이나 대전 소년원 부속 병원에 아이들을 맡겨요.

8호 처분부터는 소년원 생활이에요. 8호 처분은 1개월 이내이고, 9호 처분은 6개월 이내, 10호 처분은 2년 이내예요. 별명이 '보호 처분의 끝판왕'인 소년원은 촉법소년에게는 꿈에서라도 보고 싶지 않은 곳이에요. 감옥이나 다름없는 감금 시설, 흉악한 원생들, 밤에도 불을 끌 수 없는 엄격한 규율 등. 17세에 폭력으로 소년원 생활을 했던 소설가 장정일은 '학교와 군대의 나쁜 점만 모아놓은 곳이며 세상에서 가장 몹쓸 지옥'이라며 소년원을 혹평하기도 했어요.

이런 부정적 이미지 때문에 1997년부터는 '소년원'이라는 간판을 떼고 '학교'로 이름을 바꾸었어요. 소년원은 법무부 산하에 있는 특별 교육 기관이에요. 당연히 소년원에서 생활한 기간은 출석 일수로 인정받고, 원생들에게는 교복도 지급해요. 우리나라에는 여자 소년원이 두 곳, 남자 소년원이 여덟 곳 모두 열 곳의 소년원이 있어요.

지금까지 열 개의 보호 처분을 살펴보았어요. 하나의 처분만 내리는 것이 원칙이지만, 실제로 그렇게 하는 판사는 거의 없어요. 보통은 2개 이상의 처분을 섞어요. 예를 들어 판사가 1호, 2호, 3호 처분을 함께 내리면, 소년은 집에서 지내면서 수강도 받고, 봉사 활동도 하러 다녀야 해요. 그중에서 1호, 2호, 3호, 5호, 이렇게 4개 처분을 한꺼번에 내리는 것을 흔히 '풀세트(full set) 처분'이라고 불러요. 풀세트 처분을 받으면 집이나 위탁 보호 기관에서 지내면서 6개월간 일주일에 한 번씩 만나 생활을 보고해야 하고, 법원에서 정한 수강 기관에 가서 40시간 정도 상담과 교육을 받아야 하고, 일주일에 2시간씩 20번 정도 출석을 해야 해요. 또 보호관찰소에서 정하는 단체에 가서 40시간 정도 사회 봉사를 해야 하고, 2년간 주기적으로 보호관찰관의 감독

소년 보호 처분의 종류와 기간

	보호 처분 내용	기간	대상 연령
1호	보호자 또는 보호자를 대신하여 소년을 보호할 수 있는 사람에게 감호 위탁	6개월(+6개월)	10세 이상
2호	수강 명령	100시간 이내	12세 이상
3호	사회 봉사 명령	200시간 이내	14세 이상
4호	보호관찰관의 단기 보호관찰	1년	10세 이상
5호	보호관찰관의 장기 보호관찰	2년(+1년)	10세 이상
6호	복지 시설이나 소년 보호 시설에 감호 위탁	6개월(+6개월)	10세 이상
7호	병원, 요양소 또는 소년 의료 보호 시설에 위탁	6개월(+6개월)	10세 이상
8호	1개월 이내의 소년원 송치	1개월 이내	10세 이상
9호	단기 소년원 송치	6개월 이내	10세 이상
10호	장기 소년원 송치	2년 이내	12세 이상

을 받으면서 면담도 하는 등 정신없이 살아야 해요. 그게 너무 힘들어서 '차라리 나를 형사 처벌해 주세요'라며 투덜대는 아이들도 있어요.

그렇다면 소년 보호 재판에서 소년원 송치와 같은 보호 처분을 받아도 전과 기록에 남을까요? 애초에 보호 처분은 형사 처벌이 아니므로 전과자가 아니에요.

소년의 보호 처분은 그 소년의 장래 신상에 어떠한 영향도
미치지 아니한다 [소년법 32조 6항]

하지만 현실 세계는 어리다는 이유로 나쁜 짓을 해도 다 보듬어 줄 만큼 호락호락하지 않아요. 소년원 출신을 기피하는 기업도 많아요. 소년원은 '학교'라는 간판을 사용하고 있어서, 기업에서 신입사원을 모집할 때 지원자가 이력서에 쓴 학교 이름만 검색해도 이게 소년원인지, 일반 학교인지 단박에 구별할 수 있어요. 한때의 잘못이 평생 돌이킬 수 없는 결과를 낳을 수 있어요.

소년 범죄자만 가두는 시설인 소년 교도소는 우리나라에 단 한 곳, 경북 김천시에 있어요. 그런데 지도책은 물론, 자동차 내비게이션 심지어 인터넷 지도로 검색해도 김천소년교도소는 표시되지 않아요. 교도소는 군부대처럼 보안이 필요한 국가 주요

김천소년교도소 전경과 수용거실

시설로 분류되기 때문이에요.

　소년 교도소와 소년원을 헷갈려 하는 사람들이 많아요. 둘 다 죄를 지은 소년을 가두는 시설이지만, 소년원과 소년 교도소 는 하늘과 땅만큼이나 차이가 있어요. 소년원은 교도소와 비슷 한 구조지만, 어쨌든 명색이 학교 간판을 달고 있는 엄연한 교육 시설이에요. 당연히 졸업장도 나오고, 전과 기록도 남지 않아요. 반면, 소년 교도소는 교육 시설이 아니라, 범죄자를 교화시켜 바르게 인도하는 교정 시설이에요. 수감되는 순간 영원히 전과 기록이 남아요.

법에 따르면, 형사 처벌을 받은 소년 죄수는 반드시 성인 죄수와 다른 시설에 가둬야 해요. 그래서 만들어진 시설이 소년 교도소예요. 일단 소년 교도소에서 생활하다가 23세가 넘으면 성인 교도소로 이감돼요.

어지간한 소년 범죄는 소년 보호 재판을 통해 보호 처분을 내리는 등 비교적 소년에게는 관대한 우리나라 사법 현실에서 소년 교도소에 갇혔다는 것은 도저히 봐줄 수 없는 극악무도한 범죄를 저질렀다는 뜻이기도 해요. 하지만 이 아이들도 어쨌든 소년이므로 소년법이 제공하는 혜택의 수혜자예요.

살인, 내란, 가정 파괴처럼 어른이라면 사형이 선고될 범죄를 저질러도 소년범은 최고 15년 형만 받을 수 있어요. 같은 죄를 저지른 성인 범죄자보다 낮은 형량을 받을 뿐만 아니라, 수감 생활 동안 큰 문제를 일으키지 않는 죄수에게 주어지는 가석방도 어른보다 훨씬 빨라요.

2년간의
소년원 생활

2011년 8월의 어느 날이었다.

나는 13명의 소년범들 중 첫 번째로 재판을 받았다.

소년부 판사의 목소리는 모기 날갯짓처럼 희미해서 마이크에 대고 말하는

데도 잘 들리지 않았다. 10여 분의 연설 중에서 내가 유일하게 알아들은

단어는 '장기 소년원 송치'였다.

2년간의 소년원 생활, 소년부 판사가 내릴 수 있는 가장 무거운

처분이었다.

너는 갱생 불가야.

아마도 판사는 내게 그렇게 말하고 싶었던 것 같았다.

그리고 누군가의 명령으로 대기실에 있는데 소년들이 하나둘 대기실로

들어왔다. 눈물 콧물을 질질 짜는 아이, 통곡을 하는 아이, 혼이 나간

아이도 있었다. 지옥이 따로 없었다.

사후 세계에서 지옥행을 판정받은 영혼들이 저런 모습이지 않을까 싶기도

했다.

우리들은 굴비 두름처럼 포승줄에 묶여 춘천에 있는 소년원으로 갔다.

우리 뒤로 문이 닫히고 성벽처럼 삥 둘러싼 담장이 보이자 비로소 내가
어떤 곳에 와 있는지 실감이 났다.

우리 같은 햇병아리들은 신입반이라는 곳에서 며칠간 교육을 받고
본방이라는 곳에 배치를 받았다.

군대로 비유하면 훈련소와 자대의 차이쯤 되는데, 실제로 본방은 군대
뺨치는 살벌한 곳이었다.

본방 배치 첫날, 나는 얼굴에 푸르죽죽한 멍이 든 아이들을 발견하고
단박에 기가 죽었다. 보통 한 방에 13명에서 15명이 생활했는데, 군대처럼
아이들에게는 계급이 주어졌고 어처구니없는 규율이 있었으며, 은밀한 듯
노골적인 폭력이 존재했다.

계급이 낮은 아이는 편한 자세로 텔레비전도 볼 수 없었다. 밥을 먹을 때는
얌전한 고양이처럼 다리를 가지런히 모은 상태로 한 손으로 먹어야 했다.
만일 식판 긁는 소리를 내면 호되게 뺨을 맞아야 했다.

소년원의 하루 일과는 기숙사 학교와 비슷했다. 6시 30분에 일어나서
식사와 세면을 하고, 오후까지 교육을 받는다.

내가 있던 소년원에는 다양한 교육 프로그램이 있었다. 보호 처분 10호를
받으면 헤어반을 들어갈 수 있고, 9호를 받은 6개월 단기 소년수들은
검정고시반, 컴퓨터반을 갈 수 있다. 나는 헤어반 수업을 선택했는데,
평소에 모발 상태나 두피 건강 따위에 관심이 있어서가 아니라 아는
선배가 헤어반에 있다 보니 꼽사리 낀 것이다.

소년원에는 상점과 벌점이라는 게 있다. 생활을 잘하는 아이는 포인트
쌓듯 상점을 받지만 그렇지 못한 아이는 벌점을 받아 깎인다. 이게 굉장히
중요하다.

나처럼 10호 처분을 받은 소년은 1400점을 채우면 예정보다 빨리 나갈 수 있는 가퇴원 심사에 이름을 올릴 수 있기 때문이다. 말하자면 가석방 자격을 얻는 것이다.

반면 징계를 자꾸 받아서 벌점이 쌓인 친구들은 그만큼 나가는 날이 멀어진다.

그날은 추운 1월이었다. 소년원을 나온 나는 엎드려 차가운 땅바닥에 입을 맞췄다. 지옥 같은 소년원을 나온 순간은 감전이라도 된 듯 짜릿했다. 하지만 이 감정은 내게 한 번이면 족했다.

소년원을 나오고 이틀 후, 나는 주유소에서 아르바이트를 시작했다. 낮에는 일하고 밤에는 도서관에서 많이 늦었지만 중학교 검정고시 시험을 준비했다. 열심히 공부한 덕택에 그해 4월에 합격했다. 지금은 대학교에서 청소년사회복지를 공부하고 있다.

소년법의 역사

자비라고는 없는 소년 처벌

산업혁명은 사람들에게 많은 일 자리를 제공했어요. 농촌에서 밭을 갈던 가난한 농민들은 먹고살

✦ **산업혁명** 18세기 후반 유럽에 서 생산 기술의 발전으로 일어난 사회의 큰 변화

길을 찾아 도시로 밀려들었어요. 하지만 그들을 기다리고 있었던 것은 엄청난 노동 시간과 터무니없이 낮은 급료였어요. 먹고 살기 위해 어린이들도 공장에서 일해야 했지요. 도시는 빈민들로 들끓었고, 범죄도 급증했어요. 범죄는 배가 고파서 빵과 감자, 고깃덩이를 훔치는 절도가 대부분이었어요. 특히 어린이 절도범이 많았어요.

《올리버 트위스트》는 19세기 영국 작가 찰스 디킨스가 쓴 소

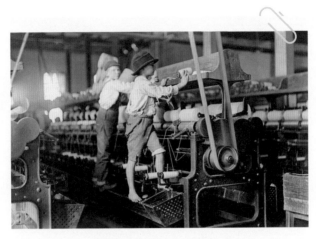
1909년, 공장에서 일하는 어린 소년

설이에요. 고아로 자란 올리버가 굶주림과 학대, 범죄 조직의 협박 등 온갖 고난을 겪다가 마지막에 행복을 찾는다는 이야기예요. 소설 초반에 올리버는 손수건을 훔쳤다는 누명을 쓰고 법정에 끌려가요. 두려움에 떨며 판결을 기다리던 올리버는 그만 기절하고 말아요.

올리버가 쓰러지자 법정 안 사람들은 서로 쳐다봤지만, 감히 아무도 움직이지 못했다.

"저 봐, 내 꼼수 부리는 줄 알았지, 그냥 내버려 둬."

치안판사는 저렇게 쓰러진 것이야말로 이론의 여지가 없

는 증거라도 되는 듯 의기양양하게 말했다.

"이 사건을 어떻게 처리하실 건가요, 판사님?"

법정 서기가 나지막한 목소리로 물었다.

"즉결로 3개월 징역형이다, 물론 중노동 형이지, 자 이제 해산하시오."

치안판사가 대답했다.▶

치안판사는 가벼운 범죄와 분쟁 등을 처리하는 지역 판사를 말해요. 우리나라에는 없고, 미국과 영국에서 발달한 사법 제도예요. 이 장면에서 우리가 주목할 점은 두 가지예요. 첫째, 올리버는 10세 안팎의 어린이라는 점. 둘째, 그런데도 성인 범죄자와 동등하게 재판을 받았으며, 손수건 한 장 훔친 죄로 3개월간 감옥에 갇혀 중노동을 하는 징역형을 선고받았다는 점이에요.

초등학생이 재판을 받고 감옥에 가는 건 오늘날에는 상상할 수 없는 일이지만, 100여 년 전까지는 아주 흔한 현상이었어요. 앳된 소년범들은 큰 체구에 험악한 몰골을 한 성인 범죄자 틈에 섞여 재판을 받았어요. 판사들은 어리다고 봐주는 법이 없었지요. 7세 어린이도 어른으로 취급받았고, 감옥에는 나이나 성별에 대한 구분 없이 범죄자가 섞여 있었어요.

옛날 감옥은 지금의 교도소와 많이 다른 곳이었어요. 지금처럼 죄수가 몇 년에서 수십 년씩 징역 생활을 하는 곳이 아니었죠. 감옥은 빚을 못 갚은 사람과 재판 순서를 대기하던 죄수들이 잠시 머무르는 곳이었어요. 죄수들을 수용할 곳이 부족하니 어지간한 범죄자는 목을 매달아버리곤 했지요.

사형을 너무 많이 시킨다는 우려의 목소리가 커지자 영국 정부는 생각을 바꿨어요. 더는 사용하지 않는 퇴역 전함과 낡은 상선을 감옥으로 개조해 죄수들을 수용했어요. 물에 둥둥 떠 있는 배 감옥을 만든 거예요. 이 감옥선을 헐크(hulk)라고 불렀어요.

그런데 좁고 불결한 밀폐된 공간에서 수많은 죄수가 생활하자 전염병이 창궐했어요. 시민들은 감옥선의 전염병이 육지까지 전파될까 봐 두려웠어요. 시민들의 항의가 빗발쳤고, 영국 정부는 죄수들을 해외 식민지인 호주로 보냈어요.

1788년 1월, 736명의 죄수를 실은 11대의 배가 최초로 호주 시드니에 도착했어요. 대부분이 절도범인 죄수 무리에는 리넨 셔츠 한 벌과 5개의 실크 스타킹, 그리고 2개의 앞치마를 훔친 8세의 고아 존 허드슨도 있었어요. 당시 형벌 수준이면 허드슨은 교수형에 두 번 처하고도 남을 중죄를 지절렀지만, 허드슨은 운 좋게도 아주 관대한 판사를 만나 사형을 피하고 호주에서 7년 유배형을 선고받았어요.

보통법 대
형평법

12세기, 죽음을 앞둔 농부가 있었어요. 그는 어린 아들에게 땅을 물려주고 싶었어요. 문제는 법이었어요. 당시 영국 법에 따르면, 상속을 받는 자가 미성년자면 그 일대를 다스리는 영주가 그 땅에서 난 이익을 20년간 가질 수 있었어요. 즉 영주는 농부의 땅에서 생산되는 밀이나 콩 같은 수확물을 마음대로 처분하거나, 밭을 갈아엎고 양을 기르는 목장으로 바꿀 수도 있었어요.

법이 좀 개떡 같지 않나요? 왜 농부 땅의 권리를 생판 남인 영주가 그것도 20년이나 가져갈까요? 옛날 법이라서 그래요. 신분 제도가 엄격했던 중세 영국에서는 이런 일이 흔했어요. 영주와 귀족의 결정이 곧 법이었고, 그 지역의 고유한 관습도 사실상 법과 맞먹는 효력을 갖고 있었어요. 이것을 관습법이라 불러요.

그런데 관습이라는 건 지역마다 천차만별이에요. 런던에서는 통하는 관습이 리버풀에서는 전혀 먹히지 않을 수 있어요. 경상도에서는 통하는 법이, 충청도에서는 관습에 안 맞아서 반발한다고 생각해 보세요. 영국의 군주들은 나라를 다스리면서 애를 먹었어요. 어떻게든 법을 하나로 통일할 필요가 있었지요.

영국에는 순회재판이라는 게 있었어요. 판사가 마차를 타고 자신의 관할 지역을 돌아다니며 재판을 하는 거예요. 판사들은 나중에 한자리에 모여서 자신들이 내린 판결을 서로 교환했어요. 이미 내린 판결, 이것을 판례라고 불러요. 판사들은 산더미처럼 쌓인 판례 속에서 공통점들을 찾아냈어요. 이것을 법으로 만들면 전국 어디서든 통하는 법이 되지 않겠어요? 이 법을 보통법이라 불러요.

다시 농부 이야기로 돌아갈게요. 어떻게 하면 땅을 영주에게 빼앗기지 않고 자식에게 물려줄까? 고민하던 농부는 친구를 찾아갔어요. 농부는 아들이 어른이 되면 돌려주는 조건으로 땅의 소유권을 친구에게 넘겼어요. 이렇게 하면 땅을 영주에게 빼앗길 염려가 없었죠. 농부는 안심하고 눈을 감았어요. 세월이 흘러 어른이 된 아들이 땅을 돌려달라며 찾아갔지만, 아버지의 친구는 약속을 지키지 않았어요. 믿음을 배반당한 농부의 아들은 충격을 받았어요. 하지만 보통법에서는 해결할 방법이 없었어요. 두 눈 뜨고 땅을 모조리 빼앗길 처지에 놓인 거예요.

이것이 보통법의 단점이에요. 보통법은 판례들에서 뽑아낸 법이에요. 다음번에 비슷한 사건이 또 발생하면 이 판례가 판결

을 내리는 기준이 되지요. 그런데 판례는 옛날 것이어서 시대의 변화에 안 맞는 내용이 많았어요. 그래서 억울한 희생자가 많이 나왔어요.

절박해진 사람들은 국왕을 찾아가 호소했어요. 국왕이 가만히 사연을 들어보니 확실히 보통 일이 아니었어요. 영국 왕은 보통법의 문제점을 보충할 새로운 법을 만들었어요. 불공평한 판결의 형평을 맞추는 법이라고 해서, 이를 형평법이라 불러요. 형평법은 농부의 아들 사건을 다음과 같이 판결했어요.

농부의 친구는 농부와 맺은 약속대로 농부의 아들에게 그 땅을 돌려줘야 한다!

이렇게 영국은 보통법과 형평법이 공존하는 이원적 구조를 갖게 되었어요. 보통법원과 형평법원도 설립되었고요. 판례를 기준으로 하는 보통법은 엄격하고 딱딱한 특성이 있는 반면 형평법은 대나무처럼 유연하고 융통성이 있어서 보통법의 단점을 어느 정도 보완할 수 있어요. 훗날, 소년법이 만들어지는 핵심 철학이 이 형평법에서 탄생해요.

식인 관습과
법의 판단

1884년 영국에서 출발해 호주로 향하던 미뇨넷 호는 아프리카 최남단
바다에서 조난을 당했어요. 생존자는 선장을 포함한 넷, 그리고 남은
식량은 순무 통조림 두 개가 전부였어요. 표류 20일째, 먹을 것이
바닥나자, 선장은 일행 중 가장 나이가 어리고 병든 소년을 잡아먹자고
제안했어요. 선원 한 명이 반대하자 선장은 말했어요.

"이런 경우 사람을 잡아먹는 것은 해상에서 늘 있는 일이야."

선장의 말대로였어요. 조난 중에 식량이 떨어지면 선원 중 한 명을
희생양으로 삼는 것이 바다의 오랜 관습이었어요. 사람을 먹는 행위는
분명 야만적이지만, 불가피한 상황인 데다 한 명을 희생시켜 다수를
살리는 행위였기에 다들 묵인하는 분위기였어요. 결국, 그들은 소년을
살해했어요. 나흘 후, 생존자들은 독일 상선에 구조되어 영국으로
돌아갔어요. 시간이 흐르고, 그들이 바다에서 했던 행동이 영국 사회에
알려졌어요. 소년을 잡아먹는 데 반대한 선원을 제외한 두 사람은

살인죄로 기소되어 재판을 받았어요. 배심원 전원은 두 명에게 죄가 없다고 주장했어요. 사람을 잡아먹는 행위를 즐긴 것이 아니라 생존을 위한 불가피한 선택이었다고 말이에요. 살해당한 소년의 형도 법정에서 두 사람의 판단을 이해한다고 말했어요. 하지만 법원의 판단은 달랐어요.

"극단적인 상태에서 사람을 먹는 행위가 바다의 관습인지는 모르겠지만, 모든 생명은 평등하다. 두 사람에게는 소년의 목숨을 빼앗을 권리가 없다."

판사는 두 사람에게 교수형을 선고했어요. 판결 소식이 알려지자 두 사람을 동정하는 여론이 들끓었고, 두 사람은 6개월 후 풀려났어요.

국가는 아이의 친부모다

13세기, 영국 법정에서는 부모가 없거나, 부모는 있지만 부모가 역할을 다하지 못해 방치되다시피 한 어린이를 둘러싼 재판이 벌어지곤 했어요. 이때, 영국의 형평법원은 국가가 친부모처럼 어린이를 돌봐야 한다는 판결을 내렸어요. 국가가 친부모! 이것을 국친사상이라고 해요.

국친사상은 오늘날의 소년법을 탄생시킨 핵심 철학이에요. 하지만 이때만 하더라도 국가의 관심과 보살핌을 받아야 할 아이는 고아나 부모에게 학대당한 아이, 방치된 아이 정도였어요. 법을 어긴 소년은 국친사상의 대상이 아니었어요. 영국 정부의 눈에 이런 소년범에게 필요한 것은 사랑이 아니라 교수대의 밧줄이었죠. 국친사상의 범위를 소년범에게까지 확장한 나라는 미국이었어요.

19세기 이전 미국에서도 어린이는 귀여움과 보호를 받아야 하는 특별한 존재가 아니었어요. 그저 덩치만 좀 '작은 어른'이었죠. 그래서 죄를 지으면 당연하다는 듯 성인 교도소에 수감했어요. 어른 범죄자와 같은 방을 쓰고, 같이 밥을 먹고, 같이 운동하면서 소년범들은 다양한 범죄 기법을 터득했어요. 범죄 조직에 가입해 정식 조직원이 되는 소년들도 있었어요. 교도소는 잘못을 뉘우치는 공간이 아니라 미래의 악당을 대량 생산하는 범죄 제작소 같은 곳이었어요.

의식 있는 정치가와 지식인, 시민단체는 이런 현실을 심각하게 받아들였어요. 소년이 범죄에 물들지 않으려면 우선 성인 범죄자로부터 분리해야 했죠. 1825년 '비행소년 교화협회'라는 단체가 뉴욕에 소년만 수용하는 '하우스 오브 레퓨지(House of Refuge)'라는 시설을 세웠어요. 레퓨지(refuge)는 '피난처'라는 뜻이에요. 요새처럼 생긴 이 피난처에는 굶기를 밥 먹듯 하는 빈곤층 아이와 집도 절도 없어서 떠도는 부랑아, 범죄소년 등이 수용되었어요. 수용 기간은 1년, 소년들은 매일 새벽 5시에 일어나 6시간 작업을 하고 3시간의 수업을 받았어요. 남자아이는 농사, 염색, 목수 일을, 여자아이는 바느질, 세탁, 요리 등을 배웠어요. 취침 시간에는 소년들이 나오지 못하도록 관리인이 밖에서 문을 잠갔어요. 오늘날의 소년원과 비슷한 곳이라고 볼 수 있어요.

소년을 범죄 환경으로부터 차단해 올바르게 성장시킨다는 취지는 좋았지만, 아이를 학대한다는 소문이 돌았어요. 필라델

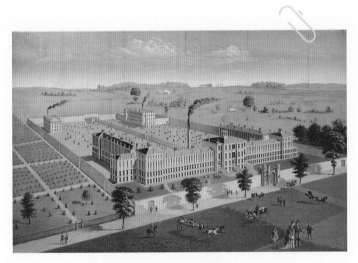

하우스 오브 레퓨지

피아 의회가 조사해보니 과연 소문대로, 아니 그 이상이었어요. 말을 안 듣는 아이는 채찍질을 하고, 독방에 가두고, 저녁을 굶기고, 일을 시키고도 보수를 지급하지 않았어요. 그런데도 필라델피아 의회는 학대는 아니라는 결론을 내렸어요. 하우스 오브 레퓨지는 자상함과 배려가 넘치는 따뜻한 가정이 아니라, 거친 소년들을 교화시키는 시설이었으니까요. 그 정도는 소년들이 감수해야 한다는 것이 의회의 판단이었어요.

그러던 어느 날이었어요. 딸이 어찌나 제멋대로인지 통제할 수 없다면서 어떤 어머니가 딸을 이 시설에 맡겼어요. 얼마 후,

이번에는 딸의 아버지가 나타났어요. 그는 아내가 자신과 상의하지 않고 딸을 시설에 맡겼으니 자기가 데려가겠다고 주장했어요. 이 소동은 재판까지 가게 되었어요. 1838년, 필라델피아 대법원은 역사적인 판결을 내려요.

부모라고 해도 자녀를 제대로 부양하지 못하면 그 권리와 책임은 국가가 가져간다!

국가가 자녀 문제에 적극적으로 개입할 수 있는 실마리를 제공한 최초의 판결이자, 국친사상을 법원이 인정한 최초의 판결이었어요.

최초의 소년 법원 탄생

1899년, 세계 최초로 소년 범죄만 재판하는 소년 법원이 일리노이주 시카고에 설립되었어요. 시카고 소년 법원은 '아이는 아이로 대우해야 한다'는 개혁적 사고를 가진 시카고 시민들의 노력으로 만들어졌어요. 소년 법원의 핵심은 소년범을 성인 범죄자 보듯 대하지 말 것, 감옥에 보내지 말 것, 전과자로 만들지 말 것, 올바른 방향으로 소년을 교정시킬 것 등등이에요. 이것을 신호탄으로 1945년에는 미국의 모든 주에 소년 법원이 설립되었어요.

소년 법원은 처벌이 없는 법원을 슬로건으로 내세웠어요. 그래서 보통 형사 법원이라면 당연히 있어야 하는 얼굴들이 보이지 않아요. 검사, 변호사, 증인, 심지어 법원 출입 기자도 없어요. 자상한 얼굴을 한 판사와 어린이가 있을 뿐이에요. 법원이라기보다는 아동 상담소 같은 분위기예요.

재판은 철저하게 닫힌 법정 안에서 진행되었기 때문에 외부인들은 결과를 알 수 없었어요. 살인이든 절도든 성범죄든 소년 법원으로 간 사건은 모두 '마이너(minor)'라는 이름으로 변해요. 그 소년이 어떤 죄를 저질렀는지 외부인이 알 수 없도록 말이에요. 마이너는 '미성년자'라는 뜻이에요.

초기 미국 소년 법원에 형사 재판의 절차 따위는 없었어요. 모든 것은 오로지 판사의 마음에 달려 있었어요. 운이 좋으면 최근 복권에 당첨돼 기분이 좋은 판사를 만나 가벼운 처분을 받지만, 전날 부부 싸움이라도 해서 상태가 안 좋은 판사를 만나면 터무니없이 무거운 처분을 받았어요. 그날그날 판사의 기분, 판사의 기질, 판사의 철학에 따라 비슷한 사건이라도 다른 처벌이 내려지는 것이 다반사였어요. 원칙이나 절차 따위는 아무래도 상관없었어요.

소년 범죄와의 전쟁

1964년, 애리조나주에 거주하던 15세 소년 제럴드 골트는 이웃집 노인에게 음란한 전화를 건 죄로 체포되었어요. 노인의 신고를 받은 경찰이 들이닥쳤을 때, 집에는 골트 혼자였어요. 경찰은 부모에게 알리지 않고 골트를 구치소에 집어넣었어요. 소년법원 판사는 골트에게 50달러의 벌금과 주립기술학교에 6년간 수용되어 수업받을 것을 명했어요. 6년이라니! 골트는 21세가 되어서야 집으로 돌아올 수 있었어요. 사람들은 골트가 못된짓을 한 것은 맞지만, 판결이 지나치다고 생각했어요. 만일 골트가 어른이었다면, 벌금 50달러에 카운티 교도소에 최대 60일정도 가두는 데 그쳤을 거예요.

골트의 부모는 화가 단단히 났어요. 골트가 성인이었다면 변호사의 도움을 받을 수 있었고, 골트에게 유리한 증언을 해줄 증인도 법정에 부를 수 있었을 거예요. 그럼 재판의 결과는 크게 달라졌을지도 몰라요. 하지만 당시 소년 법원은 그런 절차나 원칙이 없었어요. 내 아들은 소년이라는 이유로 오히려 손해만 봤어, 이건 역차별이야! 골트의 부모는 이 사건을 연방 대법원으로 가져갔어요. 연방 법원은 다음과 같이 판결했어요.

골트는 소년 법원으로부터 오히려 차별을 받았다. 소년범도 미국 헌법에 보장된 권리를 가진다. 변호사의 도움을 받을 권리, 증인을 심문할 권리, 불리한 진술을 강요당하지 않을 권리 같은 것들 말이다.

골트 판결 이후 미국 소년법은 꿈틀거리기 시작했어요. 이때부터 소년 법원도 형사 법원처럼 절차를 중요시하고, 확실한 증거를 바탕으로 유죄냐 무죄냐를 철저하게 따지기 시작했어요. 이렇게 되자 여기가 도대체 소년 법정인지, 형사 법정인지 구별이 모호해졌어요.

설상가상으로 1980년대부터 미국 내 청소년 범죄가 급증했어요. 미국인들은 생각했어요. 이게 다 소년범에게 지나치게 느슨한 법 때문이야! 관대함의 시대는 끝나고, 철퇴의 시간이 도래했어요. 미국의 각 주는 '소년 범죄와의 전쟁'을 선포하고, 소년범에게 무거운 처벌을 내리는 법을 제정했어요. 소년범은 죄질에 따라 형사 법원에서 재판을 받았고, 판사들은 징역형, 죽을 때까지 교도소에서 지내야 하는 가석방 없는 종신형, 사형을 사정없이 선고했어요. 그 결과 소년원을 비롯한 미국 내 청소년 교화 시설과 주립 교도소는 소년들로 바글거렸어요.

하지만 이런 초강경 대응에도 불구하고 소년 범죄 발생률은 크게 줄지 않았어요. 강경책이 효과를 보지 못하자 미국은 현재 지역 사회를 기반으로 소년범을 교화하는 정책으로 방향을 선회하는 움직임을 보이고 있어요. 그렇다고 해도 미국은 여전히 소년범에게 가장 엄격한 국가 중 하나예요. 예를 들어, 우리나라 10세 미만 아동은 범법소년으로 분류되어 보호 처분조차 받지 않지만, 미국은 7세 미만이라도 소년원에 갈 수 있어요. 또 대부분 주에서 촉법소년을 인정하지 않고 있어요.

경악스러운 소년 범죄

2006년 기준, 영국에 설치된 CCTV는 428만 5천 대였어요. 이는 전 세계 CCTV의 20%에 달하는 엄청난 숫자예요. 14년 후인 2020년, 한 매체는 공공 CCTV가 가장 많이 설치된 도시의 순위를 발표했어요. 1위와 2위는 중국의 베이징과 상하이였어요. 또한 20위에 든 도시에는 중국 도시가 16개, 인도 도시가 3개로 도합 19개였어요. 중국과 인도는 인구 1, 2위를 다투는 국가이므로 CCTV가 많은 것도 당연해요. 흥미로운 것은 세계 인구 21

위인 영국의 수도 런던이 3위였다는 사실이에요. 영국이 CCTV의 천국이 된 이유는 1993년에 발생한 사건 때문이에요.

제임스 벌저 사건

1993년 2월 12일, 두 살 된 아기 제임스를 데리고 엄마가 리버풀의 대형 마트에서 장을 보고 있었어요. 식료품 코너에서 고기를 고르던 엄마는 문득 제임스가 보이지 않는다는 사실을 깨달았어요. 마트 직원과 샅샅이 마트를 돌아다녔지만 끝내 제임스를 찾을 수 없었어요. 경찰은 CCTV를 조사하던 중에, 남자아이가 제임스의 손을 잡고 마트를 나가는 모습을 발견했어요. 이 사진은 다음 날 영국의 모든 일간지 헤드라인에 실렸어요. 실종 이틀 후인 2월 14일, 마트에서 4킬로미터 떨어진 기찻길에서 제임스의 시체가 발견되었어요. 폭행을 당한 제임스의 시신은 너무도 참혹해 경찰이 엄마에게 보여줄 수 없을 정도였어요. 범인은 10세 남자아이 두 명이었어요. 범행 동기를 묻는 경찰의 물음에 두 소년은 '그냥 해보고 싶어서!'라고 대답했어요. 판사는 두 아이에게 징역 10년 형을 선고했어요. 어린이가 유아를 살해한 이 사건은 영국 사회에 큰 상처를 남겼어요. 이 사건 후, 영국 전역에는 수많은 CCTV가 설치되었어요.

엘리의 법

2019년 5월 3일, 영국 월트셔의 한 주택에서 17세 소녀 엘리 굴드가 칼에 최소 13차례 찔린 채 시체로 발견되었어요. 범인은 엘리와 같은 학교에 다니는 동갑내기 토머스 그리피스였어요. 그리피스는 전날 엘리에게 사귀자고 고백했다가 거절당하자 앙심을 품고 엘리를 살해했어요. 범행 후, 그리피스는 엘리가 자살한 것처럼 위장하기 위해 엘리의 손에 칼을 쥐여준 다음 알리바이를 만들려고 등교하는 주도면밀함까지 보였어요.

영국 소년법에 따르면, 18세 미만은 살인죄를 저질러도 최소 12년 형까지 받을 수 있어요. 그리피스는 최소형인 12년에서 고작 6개월이 더해진 12년 6개월 형을 선고받았어요. 성인이라면 최소 15년 형을 선고받을 수 있었어요.

분통이 터진 엘리의 부모는 미성년자 살인범의 형량을 높여야 한다는 캠페인을 벌였어요. 엘리의 사건으로 충격을 받은 영국 내 여론도 소년범을 엄하게 처벌해야 한다는 분위기였어요. 2년 후인 2021년, 영국은 희생자 엘리의 이름을 딴 '엘리의 법'을 제정했어요. 이 법에 따르면 17세의 강력 살인범은 기존의 최소 12년 형에서 최소 27년 형을, 또 10세부터 14세까지 소년범의 최소 형량은 성인범의 50%, 15세와 16세는 성인 형량의

66%, 17세는 성인 형량의 90%에 달하는 형을 받게 되었어요. 이 정도면 기존 형량에서 무려 두 배 정도 늘어난 셈이에요.

영국은 전통적으로 소년 범죄에 강경한 나라였어요. 1908년 처음 소년 법원이 만들어졌는데, 이 법원은 형사 처벌이 근본이었어요. 보호관찰이나, 봉사 활동, 소년원 송치 같은 처분은 2차적이었죠. 영국의 형사 미성년자는 9세까지예요. 13세까지인 우리나라보다 낮아요. 10세부터 17세까지는 소년 법원에서 보호 재판을 받을 수 있지만, 죄질이 무거우면 우리나라처럼 형사 재판을 받을 수도 있어요.

그러다 1963년 아동 청소년법이 개정되면서 처벌보다는 처분을 강화하는 쪽으로 수정되었어요. 하지만 1993년, 전 영국을 경악시킨 제임스 벌저 사건이 발생하면서 소년범을 엄하게 다뤄야 한다는 여론을 등에 업은 강경책이 부활했어요.

"기회가 주어져도 받아들이지 않을 때, 처벌은 더 강해질 것이다."

21세기 초, 영국 전 총리 토니 블레어는 이런 발언을 했어요. 정부가 소년범에게 자신의 잘못을 반성하고 다시 사회에 적응할 기회를 줘도, 소년들이 이를 거부하면 그들에게 남은 것은 강한 처벌뿐이라는 뜻이에요.

사랑의 법률은
이제 없다

1922년, 일본에서 처음 소년법이 제정되었을 때, 일본인들은 이 법을 '사랑의 법'이라 불렀어요. 소년범을 윽박지르기보다는 잘 다독여 좋은 어른으로 성장시키는 것이 이 법의 목적이었기 때문이에요. 하지만 1997년 고베 중학생 살인 사건, 1998년 토치기현 여교사 살인 사건, 2010년 미야기현 살인 사건 등, 소년이 저지른 엽기적인 살인 사건이 잇달아 발생해 일본 사회는 충격에 빠졌어요.

일본 사법부는 흉악한 소년 범죄에 무관용으로 대응하기로 노선을 변경했어요. 형사 미성년자 연령을 낮추고, 처벌을 대폭 강화했어요. 사랑의 법률은 더 이상 일본에 존재하지 않아요.

고베 살인 사건

1997년 5월 27일, 고베시 도모가오카 중학교 정문에 수상한 비닐이 걸려 있었어요. 비닐에는 초등학생의 머리와 범인이 남긴

메모가 들어 있었어요. 메모에는 이렇게 적혀 있었어요.

게임은 시작되었다. 나는 살인이 너무 즐거워. 경찰들, 나를 잡을 테면 잡아 봐.

일본 열도는 충격에 휩싸였어요. 뉴스 보도 후 범인은 신문사에 편지를 보내는 대담함도 보였어요. 잔혹한 범행 수법과 죄책감이라고는 없는 태도로 보아 범인은 틀림없이 30대 남성일 거라고 경찰은 추측했어요. 하지만 한 달 후, 체포된 범인은 14세 중학생 남자였어요. 경찰 수사 결과, 이 소년은 이미 다른 한 명의 초등학생을 살해했고 또 다른 초등학생에게는 부상을 입혔다는 사실이 드러났어요.

당시 일본에서 형사 책임 최저 연령은 16세였어요. 따라서 14세인 소년은 형사 처벌을 받지 않았어요. 대신 의료 소년원에서 8년간 정신과 치료를 받은 후 풀려났어요. 또 소년 보호 재판은 철저하게 비공개로 진행되어야 한다는 규정 때문에 피해자 가족은 재판에 참석할 수 없었고 가해자가 누구인지도 알 수 없었어요.

이 사건을 계기로 일본은 대대적인 소년법 개정에 착수했어요. 형사 책임 최저 연령을 16세에서 14세로 낮추고 소년원에 보내는 연령도 14세에서 12세로 낮췄어요. 또 피해자의 친족은 가해자의 재판에 출석할 수 있으며, 가해자의 범죄 기록도 열람할 수 있게 되었어요.

앞으로 부모가 책임져라!

1949년 중화인민공화국이 설립되었을 때, 중국의 치안은 매우 양호했어요. 당연히 소년법 같은 것은 필요하지 않았지요. 1978년, 사회주의 국가인 중국은 자본주의 체제를 받아들이는 개방

정책을 시행했어요. 한번도 맛보지 못한 자유로움과 자본주의 문화에 취했던 걸까요? 이때부터 중국의 범죄율과 소년 범죄 건수도 급격히 상승했어요. 이를 보다 못한 중국은 1984년 상해 인민법원에 최초의 소년 법정을 설치했어요. 1991년에는 소년법과 비슷한 '미성년보호법'을 제정했어요.

하지만 엄밀하게 말하면, 미성년보호법은 소년법이 아니에요. 중국에는 지금도 독립적인 소년법이 없어요. 소년법에 들어갈 법 조항들이 '형법', '형사소송법', '미성년보호법', '미성년범죄예방법' 등 다수의 법에 분산된 상태로 적혀 있어요.

중국의 형사 미성년자 연령은 좀 복잡해요. 2020년 중국은 형법을 개정했는데, 우리나라에는 없는 절대적 형사책임능력 연령(12세)이라는 특이한 조항이 있어요. 이에 따르면 11세까지는 어떤 죄를 지어도 형사 처벌을 받지 않아요. 12세부터 14세 미만까지는 중범죄를 저지르면 최고인민검찰원이 심사해서 형사 처벌을 받게 할 수 있어요. 중국이 법을 개정한 이유는 잇달아 발생한 흉악한 소년 범죄 때문이었어요.

2018년 12월, 중국 후난성에서 12세 소년이 자신의 엄마를 살해한 사건이 발생했어요. 소년은 엄마가 자신을 때리자 식칼을 들고 20차례나 찔렀어요. 경찰에 체포된 소년은 덤덤하게 말했어요.

"내가 큰 잘못을 저질렀다고 생각하지 않는다. 다른 사람
도 아니고 엄마를 죽인 것뿐이잖아?"

중국 사회는 분노로 들끓었지만, 할 수 있는 것이라고는 형
사 미성년자인 아이를 전학시키는 것뿐이었어요.

한 달 후인 2019년 1월, 후난성에서 비슷한 사건이 또 발생
했어요. 13세 소년이 PC방에 갈 돈을 주지 않는다는 이유로 아
버지와 어머니를 둔기로 살해했어요. 살해 후, 소년은 PC방으
로 가서 2시간 정도 게임을 한 다음 기차를 타고 2천 킬로미터
떨어진 윈난성으로 도주했다가 체포되었어요.

2019년 10월, 랴오닝성에서는 13세 소년이 이웃의 10세 소
녀를 성폭행하려다 실패하자 살해한 사건이 발생했어요. 이 소
년은 이전에도 최소 세 명의 여성을 쫓아다니며 괴롭힌 적이 있
었어요. 중국 공안은 소년을 중국의 소년원인 소년관교소에 3
년간 수용시켰는데, 이것이 법으로 할 수 있는 가장 무거운 조
치였어요.

2021년 중국 인민대표회의는 '가족교육촉진법'이라는 이름
의 희한한 법안 하나를 통과시켰어요. 앞으로 자녀가 불량한 행
동을 하거나 범죄를 저지를 경우, 부모에게 자녀 교육에 대한
책임을 묻겠다는 내용이에요. 요약하면, 아이들이 잘못을 저지

르는 가장 큰 이유를 가정 교육 문제로 보고 있어요.

이 법안에 의해 범죄 행위를 저지른 자녀의 부모는 훈계 처분을 받거나 자녀 지도를 위한 재교육 프로그램을 이수하도록 명령받을 수 있어요. 이 법안은 부모나 기타 보호자가 자녀를 방치하지 않고 적극적으로 자녀 교육에 임하도록 강조해요. 참고로 우리나라 학교폭력예방법 역시 가해 학생의 부모에게 가해 학생과 함께 특별 교육을 받게 할 수 있어요.

필립 아리에스의
《아동의 탄생》

1960년 프랑스의 역사학자 필립 아리에스는 《아동의 탄생》이라는 책을
발표했어요. 아리에스의 말에 따르면, '어린이'란 개념은 300년 전까지
유럽에서 존재하지 않았어요. 구슬치기나 땅따먹기 같은 아이들만의 놀이
문화도 없었고, 착한 사람은 행복하게 살았다는 가슴 따뜻한 동화책도
없었고, 귀여운 아동복도 없었어요. 아이들은 젖을 떼고 7세쯤 되면
어른들 몸에나 맞는 헐렁한 옷을 걸친 채 어른들 세계로 거리낌 없이
합류했어요. 카드나 주사위 놀이에 돈을 걸고, 춤을 추고, 맥주를 마시고,
야한 이야기를 아무렇지 않게 했어요. 그런 아이들에게 애답지 못하다고
꾸짖는 어른도 없었어요. 아이는 '몸집이 작은 어른'이었을 뿐이에요.
그래서 아이들은 일찍부터 밥값을 해야만 했어요. 대략 5세가 되면
아이들은 집을 떠나 말발굽 제조업자나 가죽을 다루는 기술자 등등의
견습생으로 들어가 일을 배우곤 했어요.
아이가 어른과 다른 독립된 인격체로 인정받기 시작한 것은
18세기부터였어요. 프랑스에서 시민혁명이 일어났어요. 혁명을 이끈
주체는 모든 인간은 자유롭고 평등하다는 인권 선언을 발표했어요. 인권

선언으로 인간의 존엄에 눈을 뜬 인류는 그 확장된 시선을 어린이에게로 돌렸어요. 의무 교육이 시작되면서, 아이들이 학생 신분으로 머무르는 시간이 늘어났어요. 이는 어린이가 어른이 되는 시기가 그만큼 늦춰졌다는 뜻이기도 해요. 사람들은 이 시기의 아이들을 '청소년'이라 부르기 시작했어요.

《아동의 탄생》을 읽은 사람들의 반응은 극과 극으로 엇갈렸어요. 좋은 평가도 있었지만, 내용이 지극히 편협하다는 비판도 많았어요. 아리에스가 옛날 유럽 아이들은 어른 취급을 받았다는 결론부터 내리고 그 결론에 근거를 억지로 끼워 맞췄다고 비판했어요. 사실은 그렇지 않은 근거 자료도 많은데, 아리에스가 그런 자료는 애써 무시했다는 것이죠. 이런 논란에도 불구하고 이 책이 유럽의 중세와 근대의 어린이 연구에 큰 자극을 주었다는 사실만은 다들 인정하고 있어요.

1909년 미국 하트포드,
포커를 하는 메신저 보이(messenger boy)

엄벌주의 논쟁

위헌 논란

2001년 경기도 고양시,

아홉 명의 6학년 남학생이 같은 학교 1학년 여학생을 학교 뒤
편으로 끌고 갔어요. 남자아이들은 거세게 저항하는 여자아이
를 주먹과 돌로 폭행한 다음 성폭행했어요. 하지만 가해자인
남자아이들은 형사 미성년자 연령에 해당하는 13세여서 형사
처벌을 받지 않았어요. 분노한 소녀의 부모는 헌법 재판소로
달려가 위헌 법률 심판을 청구했어요.

위헌 법률 심판은 무엇일까요? 형법, 민법, 상법 같은 법을
법률이라 불러요. 이 법률보다 앞선 것이 헌법이에요. 법률은

상위법인 헌법이 정한 조항과 정신에 맞아떨어져야 해요. 이렇게 **헌**법에 부**합**하는 법률을 **합헌**, **헌**법에 **위**배되는 법률을 **위헌**이라고 불러요. 알기 쉽게 예를 하나 들어볼게요.

우리 헌법은 종교의 자유를 보장하고 있어요. 그런데 기독교나 불교 등 국민에게 특정한 종교만 강요하는 법률이 있다면 어떻게 될까요? 종교의 자유를 보장한 헌법과 모순이겠죠? 즉, 이 법은 위헌이에요.

소녀의 가족은 형법 9조가 위헌이라고 주장했어요. 가해 소년들이 형사 미성년자라는 이유로 형사 처벌을 받지 않는 건 불공정한 대우이고, 이것은 헌법이 보장하는 평등권을 침해한다고요.

2003년 9월 25일, 헌법 재판소는 형법 9조는 위헌이 아니라는 판단을 내렸어요. 이때, 재판관 중 한 명이 의미심장한 말을 남겼어요.

저는 형법 9조가 합헌이라고 생각합니다. 다만, 최근 소년범의 나이가 어려지고 흉포해지고 있는 현실을 생각하면, 14세 미만이라는 나이는 현실적으로 높다고 봅니다.

19년이 흐른 2022년, 대한민국 법무부는 촉법소년 나이를

14세 미만에서 13세 미만으로 한 살 낮추는 법 개정안을 발표했어요. 촉법소년의 나이를 한 살 낮춘다는 건, 형법 9조에 규정된 형사 미성년자 연령을 한 살 낮춘다는 뜻이기도 해요. 즉, 법무부는 형법과 소년법 일부를 동시에 뜯어고치겠다는 의지를 보인 거예요. 1953년 대한민국 형법이 제정된 이래 처음으로 형법 9조가 바뀔 수도 있는 중대한 순간이에요.

촉법소년 연령 하향 논쟁

그렇다면, 법무부가 촉법소년 연령을 낮추려는 근거는 무엇일까요?

옛말에, 10년이면 강산도 변한다고 했어요. 대한민국 형법이 제정된 이후로 강산이 거의 일곱 번을 변할 만큼 시간이 흘렀다고 볼 수 있겠지요. 가장 눈에 띄는 변화는 아이들의 체격이에요. 통계에 의하면, 1960년대 초 13세 남자아이의 평균 신장은 약 150센티미터였는데, 오늘날 13세 남자아이의 평균 신장은 약 165센티미터로, 무려 15센티미터 정도 커졌어요. 이는 1960

년대 20대 남자의 평균 신장과 맞먹는 수치예요.

체격만 커진 게 아니라 정신도 조숙해졌어요. 과거 아이들은 뉴스와 신문, 혹은 어른들의 대화를 어깨너머로 엿들으며 어렴풋이 세상 돌아가는 모습을 짐작했어요. 지금은 스마트폰에 5분만 접속해도 국내외의 실상을 파악할 수 있어요. 시대와 환경이 달라졌다면 법도 변화의 물결에 올라타야 한다는 게 법무부의 판단인 듯해요.

법무부가 공개한 자료에 의하면 최근 5년간 발생한 촉법소년 강력 범죄자의 60% 이상이 13세 소년이고, 9건의 촉법소년

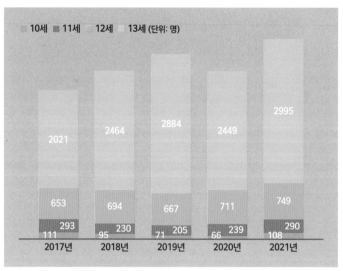

촉법소년의 연령에 따른 보호 처분 현황

살인 사건 중 6건이 13세 소년에 의해 자행되었어요. 반면, 13세와 14세 사이에 범죄 발생 건수는 큰 차이가 없어요. 생물학적으로 13세와 14세를 구별하는 특징적인 차이도 없다는 게 다수의 연구 결과이고요. 그렇다면 13세 소년을 형사 미성년자로 계속 보호해 줄 의미가 있을까? 이것이 법무부의 생각인 듯해요.

덧붙이면, 14세는 100여 년 전 독일의 학제를 기준으로 삼은 것이라 오늘날 우리 현실에 맞지 않아요. 일반적으로 우리나라에서 12세는 초등학교 5, 6학년이에요. 촉법소년 연령을 13세 미만으로 낮추면 초등학교 고학년인 4, 5, 6학년은 촉법소년, 중학교 1학년부터는 형사 처벌 대상으로 확연히 구별되어 우리 학제에도 들어맞아요.

하지만, 국가인권위원회를 비롯하여 인권 단체와 교육 단체, 청소년 단체는 이 법 개정안에 불만이 많아요. 법무부가 엄격하게 법을 집행하는 국가 기관이라면, 인권 및 시민단체는 자유, 평등, 약자의 권리 등을 중시해요. 인권 단체는 주장해요. 형사 미성년자 연령을 한 살 낮춘다고 해서 범죄 발생률이 급격히 줄어들지는 않을 것이며, 오히려 아동 범죄자를 대량 생산할 뿐이라고요.

법무부가 추진하는 형사 미성년자 연령 하향은 인류의 가장

해묵은 논쟁 중 하나를 다시 끄집어냈어요. 강한 처벌이 범죄를 예방할 수 있는가에 대한 논쟁이었어요.

형벌은 왜 정당화될까?

어떤 사람을 도망가지 못하게 사방이 막힌 곳에 가두고, 터무니없이 낮은 급료를 주며 강제 노동을 시키고, 취침 시간과 기상 시간, 화장실 가는 시간과 샤워 시간을 통제하고, 그것도 모자라 그 사람이 가진 돈이나 재산을 빼앗는다면 범죄처럼 보일 거예요. 체포와 감금, 노동 착취, 여기에 강도죄까지 추가될 테니까요. 그런데 그 사람이 법정에서 유죄 판결을 받은 범죄자고, 국가가 그를 교도소에 가둬 일을 시키고, 그 사람에게 벌금을 징수한 것이라면 어떨까요?

아아! 그 이야기였어? 그건 범죄가 아니지.

왜일까요? 죄를 지은 사람을 처벌해도 괜찮은 이유는 무엇일까요? 형벌이라는 이름으로 국가가 누군가의 자유를 빼앗고, 노동력을 착취하고, 재물을 갈취하는 행위들은 왜 범죄가 아닐까요?

형벌을 정당화하는 주장에는 여러 가지가 있어요. 첫 번째는 응보주의예요. 잘못을 저질렀다면 처벌을 받는 건 당연하며, 그 처벌은 잘못한 정도에 비례한다는 생각이 응보주의예요. 두 번째는 형벌이 범죄를 억제한다는 주장이에요. 뉴스에서는 거의 매일같이 범죄자에 대한 보도가 나와요. 양손에 수갑을 차고 옷으로 얼굴을 가린 상태로 황급히 경찰서로 들어가는 범인들, 법원이 범죄자에게 무기 징역형을 선고했다는 뉴스들, 이것은 선량한 일반 시민과 어딘가에서 은밀히 범죄를 계획 중인 자들에게 동시에 보내는 경고이기도 해요.

잘 봤지? 당신도 저렇게 될 수 있어. 그러니 이상한 생각은 품지 않는 게 좋을 거야.

세 번째는 형벌이 사람을 교정한다는 주장이에요. 범죄를 저지른 사람은 인성 자체에 결함이 있을 가능성이 커요. 다친 선수가 재활 훈련을 해서 건강을 되찾아 시합에 복귀하듯, 교도소와 같은 교정 시설이 범죄자의 뒤틀리고 비뚤어진 인성을 바르게 교정하고 깨끗하게 교화시켜 사회에 복귀시킬 수 있다는 생각이에요.

마지막으로, 무력화 효과라는 것도 있어요. 사람은 나이가 들면 기력이 떨어져 범죄를 저지를 확률이 낮아지는데, 가장 범죄를 많이 저지르는 젊은 시기에 교도소에 갇혀 있으면 범죄를 저지를 기회를 줄일 수 있다는 생각이에요.

공개 처형

톡톡 법의 역사

1824년 11월 30일, 뉴게이트 교도소 밖

한 달 전 횡령 혐의로 체포된 런던 은행가 헨리 폰틀로이의 사형
집행이 공개 처형으로 이뤄졌어요. 10만여 명의 사람들이 처형장 앞에
운집했어요. 왜 저러나 싶겠지만, 과거 유럽에서 공개 처형은 가장 인기
있는 지역 문화 행사 중 하나였어요. 인터넷도 텔레비전도 없던 시절,
자극적인 볼거리에 목말라 있던 사람들은 공개 처형이 집행된다는 당국의
발표가 나오면 기쁨으로 날뛰며 흥분했어요. 사형 집행일이 다가오면,
더 잘 보이는 자리를 선점하려는 경쟁이 곳곳에서 벌어졌어요. 부자들은
처형장이 한눈에 잘 내려다보이는 일명 '처형장 뷰'를 갖춘 주택 창가
자리를 집주인에게 비싼 돈을 얹어주고 통째로 빌렸어요. 처형하는 날에는
죄수의 죄목과 이름, 주소 등 상세한 인적 사항이 투박한 목판화 그림과
함께 실린 인쇄물이 날개 돋친 듯 팔렸어요. 처형을 기다리는 구경꾼에게
차와 다과를 판매하는 거리의 상인과 처형장 주변의 선술집과 식당도
쏠쏠하게 한몫을 챙겼고요. 한 비평가는 공개 처형 때문에 런던 경제가

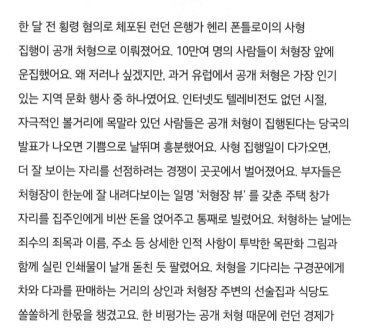

단두대에서 공개 처형 당하는 루이 16세

혼란에 빠진다고 지적할 정도였어요.

일벌백계(一罰百戒)라는 말이 있어요. 한 사람을 처벌해 100명에게 경계심을 불러일으킨다는 뜻이에요. 오랫동안 공개 처형은 일벌백계의 목적으로 사용됐어요. 끔찍한 사형 과정을 목격한 군중은 두려움을 느끼며 차마 범죄를 저지를 엄두를 못 낼 거라는 계산이지요. 하지만 공개 처형을 보는 사람들은 오들오들 떨기는커녕 광란의 축제처럼 마시고, 취하고, 웃으면서 즐겼어요. 아이러니하게도, 공개 처형 날에는 소매치기들도 극성을 부렸어요. 당시 소매치기는 사형에 처하는 범죄였지만, 소매치기들은 대담하게도 공개 처형을 구경하느라 정신이 팔린 사람들의 주머니를 열심히 털고 다녔어요. 이쯤 되면 공개 처형이 아무런 효과가 없다는 받아들이기 힘든 현실을 유럽 정부는 인정해야 했지요. 결국 유럽은 공개 처형을 중단했어요.

복수를 허용하라, 응보주의

3800여 년 전, 오늘날 이라크 지역에 함무라비 왕국이 있었어요. 이 지역에서 발견된 함무라비 법전에는 '눈에는 눈, 이에는 이'라는 유명한 구절이 있어요. 누군가로부터 눈을 뽑힌 사람은 상대방의 눈을 뽑아도 좋다는 뜻이에요. 말하자면 국가가 개인 간의 복수, 즉 사적인 복수를 인정한 거예요.

오늘날에는 사적인 복수는 허용되지 않아요. 누군가 내 팔을 부러뜨렸다면, 경찰에 그 사람을 고소하고 법적 판단을 기다려야 해요. 경찰과 검사와 판사는 국가 공무원이에요. 바꿔 말하면, 국가가 나를 대신해 복수해 주는 것이에요. 그런데 내가 참지 못하고 그 사람의 팔을 부러뜨리면 어떻게 될까요? 나를 기다리는 것은 창살 달린 작은 방과 번호표가 달린 죄수복이겠지요.

인류가 돌도끼를 들고 다니던 원시 사회는 복수가 끊이지 않았어요. 씨족 구성원 한 명이 다른 씨족에게 흠씬 두들겨 맞고 돌아오면, '이것들이 감히!' 하면서 다들 손도끼를 들고 우르르 몰려가 복수했어요. 집단은 물론이고, 개인 사이에도 피의 복수가 난무했어요. 김씨가 이씨에게 살해당하면, 김씨의 아들이 '내 아버지의 원수!' 하면서 이씨에게 복수했어요. 이씨의 아들도 가만히 있겠어요? 이씨의 아들이 김씨의 아들에게 복수하고, 김씨의 손자는 이씨의 아들을…… 이런 식으로 복수가 복수를 부르고, 피가 피를 부르는 야만의 시대였어요.

씨족 사회가 끝나고 국가가 생겨나면서, 통치자들은 응보주의를 사회 질서를 유지하는 수단으로 활용했어요. 국민에게 사적 복수를 허용한 거예요. 단, 당한 만큼만 갚도록 제한을 두었어요. 친구가 내 손가락을 부러뜨렸다면 나는 친구의 손가락만 부러뜨릴 수 있어요. 팔다리를 부러뜨리면 안 돼요. 그런 점에서 이 법은 최소한의 공정성은 유지했다고 볼 수 있어요.

하지만 국가가 복수를 허용한 결과 개인과 개인, 가문과 가문 사이에 감정의 골이 깊어졌어요. 이런 내부 갈등은 국가를 통치하는 데 큰 장애물이었어요. 서로를 불구대천의 원수로 생각하는데 어떻게 통합을 이룰 수 있겠어요? 이때부터 국가는 증오심만 키우는 사적 복수 대신 돈이나 재물로 피해를 보상하는 방법을 사용했어요. 12세기, 영국 왕 헨리 1세는 이렇게 말했어요.

"모든 범죄는 왕과 국가에 대한 범죄야!"

도둑질이든 밀수든 살인이든 모든 범죄는 국가가 정한 법률을 위반하는 행위다. 그것은 곧 국가에 대한 도전이요, 국가에 죄를 짓는 것이다. 따라서 국가가 범죄자에게 벌을 주는 것은 당연하다. 대충 이런 논리적 흐름이에요. 말하자면, 보복하는 주체가 진짜 피해자에서 국가로 바뀐 거예요.

국가는 형벌권을 독점하면서 권위를 세워 통치할 수 있고, 범죄자로부터 벌금을 징수해 부족한 국고까지 보충할 수 있으니 일거양득이었어요. 대신 국가는 피해자가 범죄자로부터 손해 배상 명목으로 재산이나 금전을 얻어낼 수 있도록 해줬어요.

복수는 국가가 대신 해줄 테니, 국민은 돈이라도 챙기세요. 이 것이 오늘날의 민사 소송이에요.

너무 비싼 속도위반

2000년 어느 날, 핀란드의 유명 기업 부사장이 오토바이를 몰다가 경찰의 속도위반 단속에 걸렸어요. 부사장은 시속 50킬로미터 구간에서 시속 75킬로미터로 달렸어요. 속도를 위반하면 **과태료** 혹은 **범칙금**을 내야 해요.

우리나라는 범칙금과 과태료가 15만 원을 넘지 않아요. 이 부

✦ **과태료** 경찰이 없는 곳에서 법령을 위반하면 내는 돈
✦ **범칙금** 경찰의 직접 단속에 걸리면 내는 돈

사장은 11만 6천 유로, 우리 돈으로 1억 6천만 원을 범칙금으로 냈어요. 이는 핀란드 교통국 창설 이래 최대의 액수였어요.

핀란드는 운전자의 소득을 기준으로 과태료나 범칙금을 부과해요. 부자는 많이 내고, 가난한 사람은 적게 내는 구조예요. 왜일까요? 국가가 운전자에게 과태료나 범칙금을 징수하는 이유는 교통 규칙을 잘 지키라는 뜻이에요. 이것은 마치 형벌이

범죄를 억제하는 기능과 같아요. 15만 원은 평범한 사람에게는 결코 적은 돈이 아니지만, 수십억 원의 연봉을 받는 고소득자에게는 그다지 위협적이지 못해요.

그깟 푼돈 내고 과속하지 뭐.

하지만 과태료가 1억 원이라면 부자도 생각이 달라지겠죠.

미국은 왜 형량이 높을까?

1994년 12월 14일, 미국 오클라호마 지방 법원은 찰스 스콧 로빈슨이라는 남자에게 징역 3만 년 형을 선고했어요. 로빈슨은 6건의 아동 성 학대 혐의를 받고 있었는데, 판사는 1건당 징역 5천 년씩 계산했어요. 징역 3만 년은 미국 역사상 한 사람에게 주어진 가장 긴 형량으로 로빈슨이 살아서 교도소를 나올 일은 없었어요.

미국 법원은 종종 이런 무지막지한 판결을 내리곤 해요. 평균 수명이 백 살도 되지 않는 사람에게 수백 년에서 수천 년의 징역형을 선고하곤 하죠. 우리나라에서 이런 판결은 일어나지 않아요. 왜냐하면 우리나라는 유기 징역형의 최대치가 50년이기 때문이에요.

미국은 형량에 상한선이 없어요. 게다가 미국 법원은 로빈슨을 판결할 때처럼 각각 죄의 형량을 모두 더하는 방식을 사용해요. 예를 들어 아무개가 남의 집에 들어가서(주거 침입), 집주인을 폭행하고(폭행), 보석을 훔쳤어요(절도). 만일 주거 침입죄가 6개월, 절도죄가 1년, 폭행죄가 3년이라면, 판사는 모두 더해서 4년 6개월의 징역형을 선고할 수 있어요.

반면 우리나라는 여러 범죄를 함께 고려해서 형량을 정해요. 판사는 법률에 정해진 법정형을 더 무겁거나 가볍게 해서 피고인에게 선고할 수 있는 형량의 범위를 산정해요. 이는 형법 규정에 의해 기계적으로 산정돼요. 이처럼 판사가 피고인에게 선고할 수 있는 형의 범위를 처단형이라고 해요. 그다음 판사는 처단형의 범위 내에서 피고인에게 형을 선고하죠. 이를 선고형이라고 해요. 판사는 양형위원회에서 정한 양형기준을 존중해서 형의 종류를 선택하고 형량을 정해요.

영미법을 따르는 영국과 미국은 대체로 형량이 높아요. 소년범을 다루는 방식도 꽤 엄격해요. 영미법에 응보주의 사상이 진하게 녹아 있기 때문이에요. 응보주의는 엄한 처벌이 범죄를 예방할 수 있다는 믿음으로 연결되거든요. 이런 믿음을 엄벌주의라고 불러요.

엄벌주의는 돈이 많이 든다

우리나라는 사형을 집행하지 않는 실질적인 사형 폐지 국가예요. 이 현실을 납득하지 못하는 국민도 많아요.

우리도 중국처럼 악당들은 사형시켜야지. 왜 돈 아깝게 세금으로 그놈들을 먹이고 입히고 재우느냔 말이야.

그렇다면 사형은 범죄자를 교도소에 수감하는 것보다 비용이 적게 들까요? 대부분 그렇게 생각할 거예요. 사형은 한순간이지만, 교도소 생활은 길게는 수십 년이 걸리니까요.
그렇다면 사형 집행국인 미국은 어떨까요? 믿기 힘들겠지만, 미국에서 사형을 집행하는 데 드는 비용은 가석방 없는 종신형, 그러니까 죄수를 평생 감옥에 가두는 비용 못지않게 많이 들어요.

미국 캘리포니아주는 1977년부터 2012년까지 사형수 관련 예산에 40억 달러(약 5조 2천억 원)를 집행했는데, 이는 사형수 한 명당 3억 770만 달러(약 4천 9백억 원)가 드는 비용이에요. 왜 사형에는 이토록 많은 돈이 들까요? 미국은 치명적인 약물을 주입하는 방식으로 사형을 집행해요. 그렇다면 그 주사 약물이 수억 원이 넘는 고가품이라서 그럴까요? 그렇지 않아요.

사형 비용은 대부분 재판 전과 재판 후에 발생해요. 형사 재판에는 변호사와 검사가 반드시 참석해야 하는데, 사형수 대부분은 비싼 변호사 비용을 감당하지 못해요. 그래서 정부는 세금을 사용하여 죄수에게 변호사를 붙여주고, 검사도 출석시켜야 해요.

또 사형이 걸려 있는 재판은 거의 살인 사건과 관련이 있어요. 살인 사건 재판에는 DNA 검사 결과가 중요한데, 이 검사 비용이 여간 비싼 게 아니에요. 게다가 이런 재판은 최종 판결이 날 때까지 일반 형사 재판의 4배가 넘는 많은 시간이 걸려요. 수십 년이 걸리는 일도 허다해요. 한 사람의 목숨이 걸린 재판이므로 사법부도 최대한 신중하고 복잡하게 재판을 진행하기 때문이지요. 그때까지 범죄자는 다른 수감자들과 분리된 특수 건

물에서 특별한 관리를 받으면서 지내요. 여기에 어마어마한 비용이 들어요. 사전적 의미로 사형 비용은 단순히 약물 값이 아니라, 법적 비용, 재판 비용, 감금 비용 등의 제반 비용이 모두 포함된 금액이에요.

사형만큼은 아니지만 교도소에서 일반 죄수를 관리하는 데 들어가는 비용도 만만치 않아요. 현재 미국에서는 약 5천 개의 교도소에 230만 명의 죄수가 수감 중이에요. 죄수들의 식비, 의류비, 광열비, 교육비, 의료비, 교도관 월급, 교도소 건물 수리 및 유지 보수 비용까지, 미국은 매년 740억 달러(약 96조 원)의 세금을 쏟아붓고 있어요. 이는 서울시 예산의 두 배가 넘는 금액이에요.

> 매년 교도소에 투입되는 예산으로 미국 내 모든 공립대학의 등록금을 댈 수 있다.

미국 44대 대통령이었던 버락 오바마의 말이에요.

우리나라는 죄수들을 관리하는 데 매년 1천억 원 정도를 사용하고 있어요. 대략 죄수 한 명당 1년에 약 2500만 원이 드는 셈이에요. 이래저래 엄벌주의는 꽤 돈이 많이 드는 정책이에요.

엄벌주의는 범죄를
예방할 수 있을까?

2017년 인천 초등학생 유괴 살인 사건과 부산 여중생 집단 폭행 사건, 2019년 인천 여중생 집단 성폭행 사건, 2022년 편의점에서 난동을 부린 원주 촉법소년 사건.

끔찍하고 대담하고 교활하기까지 한 소년 범죄가 발생하면 소년범을 강하게 처벌해야 한다는 여론이 탄력을 받아요. 소년

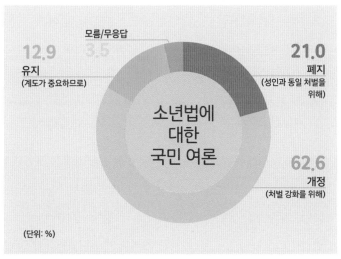

소년 범죄자 처벌에 대한 여론 조사

범에 관대한 소년법 일부 조항을 없애고, 성인과 동일한 처벌을 받도록 법을 개정해야 한다고 말이에요. 2019년 여론 조사 결과 국민 열 명 중 여덟 명이 소년 범죄자에 대한 처벌을 강화해야 한다고 대답했어요.

엄벌주의는 범죄를 감소시키는 데 효과가 있을까요? '그렇다!'라는 것이 인류의 오래된 믿음이었어요. 19세기 독일의 법철학자 루드비히 포이어바흐는 '범죄로부터 얻는 마음의 쾌감보다 형벌이 주는 불쾌감이 크면 사람들은 범죄를 저지르지 않는다'라고 말했어요. 하지만 믿음과 현실이 늘 일치하는 것은 아니에요. 엄벌주의가 범죄를 예방하는 데 효과가 있다는 증거는 어디에도 없어요. 이것은 마치, 사형 제도가 강력 범죄를 줄여 사회가 더 안전해진다는 근거 없는 믿음과 다를 바 없어요.

미국의 예를 들어볼까요? 미국은 범죄자에 대한 처벌 수위가 높고 사형 제도까지 실시하는 몇 안 되는 국가 중 하나예요. 미국 인구는 전 세계 인구의 4%지만, 전 세계 수감자의 24%가 미국에 있어요. 현재 미국인 142명 중 한 명이 수감 중이에요. 미국의 범죄율과 수감 비율은 독일의 9배 이상이에요. 2004년 미국에서 사형 제도를 시행하는 주의 10만 명당 평균 살인율은 5.71명으로 사형 제도가 없는 주의 4.02명에 비해 높았어요. 반면, 1976년 사형 제도를 폐지한 캐나다의 2003년 강력 범죄 발생률은 사형 제도가 존속했던 1975년에 비해 44%나 감소했어요.

왜 엄한 처벌은 범죄율 감소에 효과가 없을까요? 그 옛날, 엄벌주의를 지지했던 법학자들은 인간을 대단히 이성적이고 냉정한 존재로 보았어요. 그래서 범죄로 얻는 이득보다 처벌의 위험이 크면 즉시 범죄 행위를 그칠 거라고 예상했어요. 하지만

대부분 범죄자는 그렇게 이성적이지도 않고 냉정하지도 않아요. 오히려 대부분 범죄는 즉흥적이고 돌발적으로 발생해요. 단지 쳐다봤다는 이유로 주먹을 휘두르는 사람이 있듯 말이에요. 게다가 범죄자들은 범행을 저지를 때 자신이 체포될 수 있다는 생각을 잘 안 해요. 그들은 체포되어 재판을 받을 때가 되어서야 비로소 정신이 번쩍 들며 자신의 행동을 후회한다고 해요.

지나친 처벌은 종종 범죄자에게 극단적인 선택을 강요하기도 해요. 빵 한 조각을 훔쳐도 사형이고, 사람을 죽여도 사형에 처하는 엄벌주의 국가가 있다고 가정해 볼게요. 빵을 훔치다 주인에게 들킨 도둑은 어떤 선택을 할까요? '에라, 어차피 이래 죽으나, 저래 죽으나 마찬가지지!' 하며 빵집 주인을 살해할 수도 있지 않을까요?

형사 미성년자 연령 법 개정은 엄벌주의일까?

많은 인권 단체는 형사 미성년자 연령을 한 살 낮추는 법 개정을 반대해요. 이 법은 많은 소년 전과자를 만들기만 할 뿐, 소년

범죄율을 낮추지 못하는 전형적인 엄벌주의라는 것이 그들의 생각이에요. 반면, 한 살 낮추는 정도로는 부족하다며 영국처럼 10세 미만으로 대폭 낮춰야 한다고 생각하는 사람도 많아요. 이처럼 같은 법 개정이라도 사람마다 관점이 다를 수 있어요.

엄벌주의를 비판하는 사람은 법이 복수의 목적으로 사용되어서는 안 된다고 말해요. 복수보다는 범죄자를 바른 사람으로 교정시켜 사회로 돌려보내는 편이 장기적으로 이익이라고 주장해요. 하지만 복수가 그렇게 비난받아야 할 속성인지는 생각해 볼 필요가 있어요. 시민은 대부분 선량하며 법과 질서를 잘 준수해요. 그렇다고 해서, 그들이 모든 걸 다 용서하고 관용을 베푸는 데 동의하지는 않아요. 소년범에 의해 가정이 파탄 난 사람, 또래의 집단 따돌림과 폭력을 견디다 못해 건물에서 뛰어내린 아이, 지금도 정신과 약을 달고 살면서 그날의 트라우마를 떨쳐내지 못하는 사람들, 처벌은 이런 피해자들의 응어리와 상처를 보듬어주는 유일한 수단이자 치료제라고 생각할 수 있어요. 그래서 모든 형벌에는 기본적으로 복수, 즉 응보주의 속성이 담겨 있어요.

가혹한 처벌이 범죄 예방에 효과가 없듯이, 무턱대고 온정과 자비만 베푸는 태도도 범죄 예방에 도움이 되지 못해요. 소설 《레미제라블》의 주인공 장발장은 빵 한 조각을 훔친 죄로 5년 징역형을 선고받았어요. 이는 엄벌주의가 틀림없지만, 장발장이 불쌍한 고아 출신이고, 집에는 굶어 죽기 직전인 누이와 어린 조카 일곱 명이 있는 가난한 사람이라는 이유로 절도죄를 용서해 줘야 할까요? 장발장은 빵을 훔친 죗값을 치러야 해요. 규칙을 위반해도 처벌이 뒤따르지 않거나, 처벌이 느슨하면 어떻게 될까요? 커닝 페이퍼를 봐도 시험장에서 쫓겨나지 않거나, 가벼운 주의 정도로 그친다면 누가 밤을 새워 시험 공부를 하겠어요? 성실하게 규칙을 지킨 사람만 손해를 보게 될 테고, 세상은 무법천지가 되겠지요.

> "모든 범죄 발생 원인을 살펴보면 범죄를 처벌하지 않았던 결과이지, 형벌을 경감한 결과가 아니다."

《법의 정신》을 쓴 프랑스의 법학자 몽테스키외의 말이에요. 범죄의 무게에 적합한 처벌을 내리는 것, 죄와 처벌 둘 사이에서 적절한 균형점과 좌표를 찾는 것, 그것이 인류가 계속 고민해야 할 숙제일 거예요.

근대 형법의 아버지 체사레 베카리아

형벌의 목적은 오직 다른 사람이 같은 범죄를 저지르지 못하도록 하는 것이다.

체사레 베카리아는 1738년 이탈리아 밀라노 귀족 가문에서 태어났어요. 26살이 되던 1764년, 그는 거리에서 한 남자가 공개 처형되는 장면을 보게 되었어요. 사형수는 목이 졸린 다음 불태워졌어요. 당시 유럽인들은 범죄는 악마와 마귀가 만들어낸다는 생각에 사로잡혀 있었어요. 그래서 마귀와 악령을 처벌한다는 명목으로 잔인한 처형 방식을 즐겼어요. 또 형량은 매우 가혹했고, 수사관들은 고문을 서슴지 않았어요. 형벌의 올바른 목적을 고민하던 베카리아는 《범죄와 형벌》이라는 책을 익명으로 썼어요. 책 내용이 당시 법 체제를 정면으로 비판하는 도발적인 내용이라서, 처벌받을 수도 있다고 생각했거든요. 실제로 로마 교황청은 《범죄와 형벌》을 금서로 지정했어요. 하지만 다른 곳에서는 큰 호평을 받으며 프랑스어, 영어, 네덜란드어, 스페인어, 일본어 등 22개 언어로 번역되었고, 미국 헌법 제정에도 큰 영향을 미쳤어요. 사람들은 베카리아를 '근대 형법의 아버지'라고 불러요.

회복적
정의

대구 중학생 자살 사건

2011년 12월 20일 오전 8시 30분,

수업 준비 중이던 여교사는 한 통의 전화를 받았어요. 중학생 아들의 담임 교사가 건 전화였어요. 아들이 등교하지 않았다는 소식이었죠. 여교사는 아침에 시무룩했던 아들의 모습을 떠올렸어요. 불길한 느낌이 들어 아들에게 전화를 걸었지만 받지 않았어요. 잠시 후, 남편에게 전화가 왔어요. 남편은 다급한 목소리로 아들에게 사고가 난 것 같다고 말했어요.

엄마가 도착했을 때, 아들은 하얀 천에 덮여 누워 있었어요. 죽었다고 생각하기에는 아들의 몸에 아직 온기가 남아 있었어요. 엄마는 주변 사람에게 119를 불러 달라고 말했어요. 사람들이 잠자코 있자, 엄마는 '이렇게 따뜻한데!'라며 울부짖었어요. 이건 꿈일 거라고, 엄마는 필사적으로 생각했어요. 아들은 시체 검안실로 옮겨졌어요. 아들의 몸 곳곳에는 구타당한 자국이 남아 있었어요. 얼마나 지독하게 팼는지 시커먼 멍 자국도 있었어요. 같이 지켜보던 아들의 담임과 부장 교사, 교감은 괴롭다는 듯 고개를 돌렸어요.

소년은 오랫동안 동급생 두 명으로부터 괴롭힘을 당했어요. 그들은 소년의 돈과 은행 카드를 빼앗고, 숙제를 떠넘기고 술 심부름을 시켰어요. 소년이 거부하면 주먹과 발로 마구 때리고 야구 방망이와 각목, 철근을 휘둘렀어요. 물고문도 했어요.

가해자 소년들은 경찰 조사에서 장난으로 한 짓이었다며 진지하지 않은 태도를 보였어요. 가해자의 부모들도 소년의 장례식에 참석하지 않았어요. 법원은 가해자인 두 소년을 최소 2년 이상 소년 교도소에 수감시키는 판결을 내렸어요. 그들은 소년과 동급생이지만 소년보다 한 살 많은 14세, 촉법소년에 해당하지 않는 범죄소년이었어요.

소년이 세상을 떠난 후, 남겨진 가족은 신경 안정제를 먹으며 힘겹게 하루하루를 버텨야 했어요. 아빠는 다니던 직장을 휴직했고, 엄마는 아직도 아들의 유품을 버리지 못하고 있어요. 길에서 아들 또래의 남자아이를 보면 자신도 모르게 뒤를 돌아봤어요. 그날 이후, 소년의 집에서는 말과 웃음이 사라졌어요.

들리지 않는 피해자의 목소리

형사 사법이라는 말을 들어보았나요? 범죄가 발생했을 때 경찰이 수사하고, 검찰이 법원에 재판을 신청하고, 법원이 판결을 내리는 절차를 말해요. 여기서 사법이란 사람들 간에 옥신각신 다툼이나 범죄가 발생했을 때 법을 적용하여 해결하는 것을 말해요. 쉽게 말해 법원이 하는 일이에요. 그래서 법원을 '사법부'라고 불러요.

형사 사법 시스템은 가해자 대 피해자의 대결 구도에 국가가 개입해요. 피해자의 자리에 국가가 대신 들어가는 거예요. 살인 사건을 예로 들어볼까요? 살인 사건은 가해자인 살인범과 피해자인 유가족이 대결하는 구도예요. 그런데 재판하게 되면, 살인범의 대결 상대는 피해자 유가족이 아닌 국가 공무원인 검사로 바뀌어요. 검사가 유가족을 대신해 살인범을 응징하는 거예요.

유가족은 재판에서 증인으로 몇 마디 진술하는 정도의 자격에 그칠 뿐이에요. 법정이 무대라면, 유가족은 주연에서 조연으로 강등당한 셈이죠.

마침내, 판사가 징역 몇 년 형의 판결을 내리면서 대결 구도는 대단원의 막을 내려요. 판사도, 검사도, 살인자도 이것으로 이 사건은 종료되었다고 생각하며 무대에서 내려와 각자의 길을 걸어가요. 살인자는 교도소로 가는 호송 버스에 올라타고, 판사는 판사실로 돌아가 잔뜩 밀려 있는 다음 재판을 준비하고, 검사도 다른 사건을 조사하느라 산더미처럼 쌓인 서류를 뒤적거릴 거예요.

그런데, 정말 모든 것이 끝났을까요? 텅 빈 무대 앞에 덩그러니 앉아 있는 사람, 피해자 유가족은 그렇게 생각하지 않을 거예요. 판사가 어떤 형량을 선고한들, 사랑하는 사람을 잃은 상처가 몇 줄의 판결문만으로 잊히고 치유되지 않으니까요. 하지만 그들의 목소리를 들어줄 사람은 여기에 없어요. 그들은 스스로 극복해야만 해요. 피해자의 목소리를 충분히 들어주기에 형사 사법 시스템은 한계가 있어요.

중학교 2학년 여학생은 얼마 전 동급생에게 성추행을 당했어요. 가해자 소년은 소년 보호 재판을 받았어요. 하지만, 어떤 종류의 처분을 받았는지 소녀와 그 가족은 알 수 없었어요. 소년 보호 재판은 철저한 비밀 재판이기 때문이에요. 언제 다시 그 소년이 나타날지 몰라 소녀는 매일 불안에 떨면서 지냈어요. 결국, 소녀는 등교를 중단했어요. 마지막까지 소녀는 피해자였어요.

때린 놈은 다리를 못 뻗고 자도, 맞은 놈은 다리를 뻗고 잔다는 속담이 있어요. 하지만 피해자는 숨을 죽이며 살아가고, 도리어 가해자가 고개를 뻣뻣이 들고 다니는 몇몇 소년 사건을 보면 이 속담이 정말 맞는지 의심스러워요.

우리나라 소년법은 소년이 건전하게 성장하도록 돕는 것이 목적이에요. 그래서 가해자를 가해자라 부르지 않고, '보호 소년'이라 불러요. 보호 처분도 교육 차원에서 내리는 처분이지 형벌이 아니에요. 죄질이 나빠서 형사 처벌을 받더라도 법원은 소년범의 형량을 가볍게 해줘요.

피해자들을 더 힘들게 하는 것은 재판에 참여하기가 힘들다는 점이에요. 일반 형사 재판에서는 피해자가 증인으로 출석해 증언하거나 방청석에서 재판의 전 과정을 지켜볼 수 있어요. 소년 보호 재판은 달라요. 피해 소년과 가족은 원칙적으로 출석할 수 없어요. 법정에 입장할 수 있는 사람은 판사와 가해자 소년, 가해자 소년의 보호자(부모), 가해자 소년의 보호인(변호인), 그리고 재판 과정을 기록하는 법원 직원뿐이에요. 즉, 법원 관계자와 가해 소년 측 사람들만 들어갈 수 있어요.

피해 소년 측이 법정에 들어갈 수 있는 유일한 방법은 '이 사건에 대해 진술할 것이 있어요'라며 법원으로부터 허가를 받는 것이에요. 그런데 이 진술권을 허가받는 게 하늘의 별 따기예요. 소년 보호 재판은 비공개가 원칙이기 때문이에요.

소년 범죄에서 가장 많은 피해자는 또래 집단의 미성년자예요. 그런데도 우리나라의 소년법은 오랫동안 피해자를 배려하는 데 소홀했어요. 때린 아이에게 다들 우르르 몰려가서 '괜찮니? 주먹 안 아프니?' 하며 걱정해주면서 정작 얻어맞고 쓰러진 아이에게는 누구도 손을 내밀지 않는 부조리함 말이에요. 이래도 되나 싶을 정도로 우리나라 소년법은 오랫동안 가해자를 편애했어요. 피해 소년은 그만큼 소외되어 있었고요.

엘마이라
사건

1974년 5월의 어느 날 밤,

캐나다의 평화로운 마을 엘마이라는 쑥대밭이 되었어요. 범인
은 18세의 러스 켈리와 그의 친구였어요. 두 소년은 잔뜩 취한
상태로 마을을 돌아다니며 자동차와 신호등을 부수고, 타이어
를 칼로 찢고, 남의 집 울타리를 넘어뜨리고, 창문을 깨뜨리고,
보트를 뒤집었어요. 두 소년은 단 몇 시간 동안 22가구에 3천
달러가 넘는 재산 피해를 입혔어요.

이 철부지 소년들은 곧 체포되었지만, 마을 사람들은 편히
잠들 수 없었어요. 또 다른 소년들이 행패를 부릴까 봐 두려웠
어요. 주민들은 두 소년을 깊이 미워했어요.

이때만 하더라도 두 소년은 교도소를 피할 수 없는 것처럼
보였어요. 그런데 두 소년을 담당한 보호관찰관 마크 얀치와 데
이브 월트는 이 아이들에게 죄수복을 입히는 것은 아무런 의미
가 없다고 생각했어요. 그들은 소년들에게 피해자를 일일이 만

나 사과할 것을 권유했어요. 소년들이 찾아갔지만 마을 사람들의 반응은 얼음처럼 냉랭했어요. 훗날 켈리는 언론과의 인터뷰에서 당시 심정을 이렇게 말했어요.

"솔직히 너무 무서웠고, 대단한 용기가 필요한 일이었어요. 우리를 보는 그들의 눈에 나타난 분노와 그들의 얼굴에 나타난 역겨움을 보고 저는 너무 부끄러웠어요."

소년들은 뉘우치며 용서를 빌었어요. 그리고 열심히 일해서 번 돈으로 피해를 보상했어요. 두 소년은 그때 처음으로 일하는 이유와 의미, 그리고 살아가는 방법을 배웠어요. 마을 주민들도 두 소년을 용서하고 그들을 다시 마을 공동체의 일원으로 받아들였어요. 만일, 보호관찰관의 아이디어가 아니었다면 두 소년은 전과자 인생을 살았을 테고 마을 주민과 화해할 수도 없었을 거예요. 이처럼 가해자는 피해자에게 진심으로 사과하고, 피해자는 사과를 통해 상처를 회복하는 것을 회복적 정의, 혹은 회복적 사법이라고 불러요. 엘마이라 사건은 회복적 정의 운동을 시작하는 중요한 계기가 되었어요.

1959년 미국 심리학자 앨버트 애글래쉬가 처음으로 회복적 정의라는 단어를 사용했어요. 회복적 정의에 따르면, 범죄는 단

순히 법을 위반하는 것만이 아니에요. 피해자와 공동체, 심지어 범죄를 저지른 가해자 자신에게도 상처를 입혀요. 범죄는 모두를 피해자로 만드는 거예요.

회복적 정의의 최종 목표는 치유예요. 가해자는 사죄와 배상을 통해 피해자의 상처를 치유하고, 피해자는 마음을 열어 가해자를 용서해요. 용서를 받은 가해자도 죄책감에서 치유되지요. 가해자와 피해자가 치유되면 공동체도 치유를 받아요. 엘마이라 마을이 그랬던 것처럼 말이에요.

캐나다에서 시작된 회복적 정의는 이후 세계 각국으로 퍼져 나갔어요. 영국의 헐시(市)와 리즈시(市)는 공공연히 회복적 도시를 내세우고 있어요. 이 두 도시는 사법 시스템과 학교 교육, 경제 분야까지 회복적 정의 철학을 반영하는 운동을 펼치고 있어요. 유엔도 2000년 이후 가입한 회원국들에게 회복적 정의를 권장하고 있어요. 현재 40여 개 국가가 회복적 정의를 도입하고 있어요.

우리나라는 1990년대부터 교도소 수감자 복지 분야에서 회복적 정의 연구를 시작했어요. 2000년대부터는 대학과 국책 연구 기관을 중심으로 회복적 사법을 연구하며 실천하고 있어요.

뉴질랜드와 남아프리카공화국의 회복적 정의

18세기, 영국을 포함한 유럽 강대국은 식민지 개척에 혈안이 되어 있었어요. 군대를 파견해 원주민을 학살한 다음 그들의 땅을 빼앗는 것이 유럽의 전형적인 방식이었어요. 아메리칸 인디언과 오스트레일리아 원주민도 유럽의 신식 무기 앞에서 속절없이 픽픽 나가떨어졌어요.

뉴질랜드는 영국인이 상륙하기 전까지 마오리족이 살던 섬이었어요. 마오리족은 평소에는 고구마를 재배하고 돼지를 기르며 평화롭게 살았지만, 일단 싸움이 벌어지면 피의 전사로 돌변해요. 구릿빛 근육질에 부릅뜬 눈, 섬뜩한 문신에 전쟁 포로를 잡아먹는 식인 풍습까지. 영국군은 괴성을 지르며 달려드는 마오리족을 보면서 기가 질리곤 했어요. 결국, 영국은 마오리족의 권리를 어느 정도 인정하는 선에서 협정을 맺었어요.

마오리족은 독특한 문화와 관습을 갖고 있었어요. 부족 내에서 분쟁이나 범죄가 발생하면, 그들은 판사처럼 처벌을 내리지 않았어요. 누구를 꼬집어 비난하지도 않았어요. 그들의 관심은 회복적 정의에 아주 가까운 치유였어요. 하지만 엄정한 법 집행이 최고의 정의라 믿고 있던 영국 개척자들이 보기에 마오리족의 방식은 미개하기 짝이 없었죠. 이런 물렁한 범죄 대응은 또 다른 무질서와 범죄를 낳을 뿐이라고 백인들은 생각했어요.

1980년대가 되자, 뉴질랜드 정부는 마오리족의 회복적 정의를 받아들였어요. 소년 범죄가 발생하면 피해자와 가해자, 그리고 양쪽 가족 구성원까지 한자리에 모여 대화를 통해 직접 문제를 해결하는 가족 회합 프로그램을 만들었어요. 진행은 조정 훈련을 받은 사회사업가가 담당하며, 경찰과 지역 주민도 참석해요. 양측이 합의한 사항은 나중에 법원이 최종 인정하고, 그 실행 여부는 의뢰 기관 등에 지속적인 감시와 관찰을 받는 법적 장치가 마련되어 있어요. 뉴질랜드가 도입한 가족 회합은 형사 사법 제도 안에서 회복적 정의가 구현된 최초의 사례예요. 도입 후, 뉴질랜드 청소년 범죄율은 눈에 띄게 감소했어요. 또 수사와 재판 과정에서 줄곧 소외되었던 피해자와 그 가족의 역할이 강조되면서 직접적으로 문제를 해결했다는 자부심을 심어주고 있어요. 더불어 지역 사회의 치안도 좋아지고 있고요.

아프리카 대륙 최남단에 있는 남아프리카공화국은 15세기 유럽에 처음 알려졌어요. 인도로 가는 새로운 항로를 개척하던 유럽 선박이 처음으로 이곳의 존재를 알게 되었어요. 17세기부터 네덜란드, 독일, 영국 등 백인들의 이주가 시작되었어요. 1902년, 남아프리카공화국을 지배한 영국은 백인을 우대하고 흑인을 차별하는 인종 차별 정책을 폈어요. 살기 좋은 땅은 모두 백인이 차지했고, 흑인은 백인 거주 지역이나 백인 전용 병원이나 학교에 출입할 수 없었고, 백인이 타는 버스도 탈 수 없었어요. 백인 정권은 차별 정책에 반발하는 흑인 지도자들을 살해하고 투옥했어요.

1990년 2월 12일, 흑인 지도자 넬슨 만델라가 27년 만에 석방되었어요. 만델라는 남아프리카공화국의 차별 정책에 저항했던 인물이에요. 1994년 만델라는 남아프리카공화국 최초로 흑인 대통령이 되었어요. 남아프리카공화국의 백인들은 바짝 긴장했어요. 틀림없이 만델라가 복수할 거라고 예상했어요. 하지만 만델라는 과거는 잊고, 흑인과 백인이 힘을 합쳐 새로운 공동체를 만들자고 주장했어요. 가해자였던 백인을 처벌하고 피해자였던 흑인들의 세상으로 만드는 것은 어리석은 과거를 반복할 뿐이라면서요. 만델라는 국가의 분열과 갈등을 극복하기 위해 회복적 정의를 적용한 거예요.

만델라는 '진실과 화해 위원회'를 구성했어요. 흑인들은 위원회에 출석해 그동안 받은 차별과 탄압을 증언했어요. 그럼 국

넬슨 만델라

데스몬드 투투 대주교

가 차원에서 이들에게 보상을 해줘요. 동시에 백인 정권의 지시를 받아 흑인 지도자들을 탄압했던 비밀경찰도 위원회에 출석해 자신들이 저지른 잘못을 솔직하게 털어놓아요. 국가는 최대한 관용을 베풀어 죄질이 가벼우면 용서하고, 죄질이 무거우면 상대적으로 가벼운 처벌을 내렸어요. 그 결과 2만 5천 명의 피해자가 국가로부터 배상받았고, 7천 명의 가해자 중 20%가 사면받았어요. '진실과 화해 위원회' 위원장 데스몬드 투투 대주교는 이렇게 말했어요.

"용서 없는 미래는 없다."

질책과
따뜻한 시선

옛날에도 중학교와 초등학교에서 폭력을 휘두르고 친구들의 돈을 갈취하는 불량소년들은 있었어요. 교사들은 이 문제아들을 불러 모은 다음 짐짓 심각한 얼굴로 '또 그러면 감옥에 보내서 전과자를 만들어 주겠어'라는 경고를 날리곤 했어요. 거칠 것 없어 보이던 아이들도 감옥이라는 말 한마디에 바들바들 떨었어요.

놀라운 사실은 '무슨 말이에요? 우리는 사고를 쳐도 감옥에 안 가는 촉법소년인데요?'라며 대꾸한 아이가 한 명도 없었다는 점이에요.

왜일까요? 촉법소년이라는 용어 자체가 대중들에게 거의 알려지지 않았기 때문이에요. 어른들의 권위도 지금보다 훨씬 높아서 공권력의 힘을 빌리지 않고도 어느 정도 일탈하는 청소년을 통제할 수 있었고요. 어른들이 담배를 피우는 학생을 발견하면 주저하지 않고 따끔하게 훈계하던 시절이었으니까요. 적어도 지금처럼 청소년 범죄가 심심찮게 저녁 뉴스의 한 꼭지를 장

식하는 일은 드물었어요.

촉법소년이라는 단어가 수면 위로 떠오른 것은 대략 2010년 이후부터예요. 사람들은 두 가지 사실을 깨달았어요. 첫째, 오늘날 청소년들은 더 이상 어른들을 두려워하지 않는다는 것과 둘째, 어떤 범죄를 저질러도 형사 처벌을 받지 않는 촉법소년의 존재를요.

촉법소년 문제의 심각성은 범죄 통계에서도 확인할 수 있어요. 2016년부터 2020년까지 19세 미만의 소년범은 줄어들었음에도 촉법소년의 범죄 건수는 증가했어요. 재범률 또한 성인 보호관찰 대상자보다 3배나 높았어요. 재범에 이르는 시간도 무척 짧아요. 소년원 출신 재범 소년 중 45%는 반년 내, 30%는 1년 내에 다시 범죄를 저지르는 것으로 드러났어요.

2017년, 신임 대통령이 당선된 후 청와대 청원게시판에 1만 5천 건이 넘는 청원이 쇄도했는데, 청와대가 1호로 응답한 청원은 27만 명 이상이 동의한 '소년법 개정'이었어요. 촉법소년이라도 죄를 지으면 형사 처벌을 받게 해달라는 청원이었죠. 2022년, 원주의 한 중학생은 자신에게 술을 판매하지 않은 편의점 점주를 폭행한 다음 '나는 촉법소년이야'라며 큰소리까지 쳤어요.

우리가 사는 이 세상에는 잘못하면 대가가 뒤따른다는 인과 응보의 가치를 믿는 사람이 여전히 많아요. 그런데 천인공노할 범죄를 저지르고도 처벌을 받기는커녕 당당하기까지 한 일부 촉법소년의 반응은 국민의 보편적 법 감정과 정서를 자극했어요. 여론 조사에 따르면, 국민 열 명 중 여덟 명 이상이 촉법소년을 포함한 소년 범죄의 처벌을 한층 강화해야 한다고 대답했

어요. 인권 단체의 반발에도 불구하고 법무부가 추진 중인 형사 미성년자 연령을 낮추는 개정안이 힘을 받고 있는 것도 국민적 공감대가 형성되었기 때문이에요. 더불어, 그동안 소외되었던 피해자를 배려하는 마음도 필요해요.

2007년 12월, 개정된 소년법에 '화해권고 제도'가 도입되었 어요. 화해권고 제도란 소년부 판사가 소년 보호 재판을 열기 전에 가해자 소년과 피해자를 법원에서 만나게 해서 화해를 끌 어내는 제도를 말해요. 화해권고 제도를 실시하려면 세 가지 조 건을 만족시켜야 해요. 첫째, 피해자가 있는 사건이어야 하며 둘째, 가해 소년과 피해자가 화해권고에 동의해야 하며 셋째, 가해 소년이 범죄 사실을 인정해야 해요.

양측이 합의에 도달하면, 판사는 그 점을 참작해 보호 재판 에서 가해자에게 보다 가벼운 처분을 내려요. 여기서 합의란 대 개 가해자 소년의 부모가 피해자에게 금전적 배상, 즉 돈을 주 는 것을 말해요. 가해자 집안이 부유할수록 합의에 도달할 가능 성이 높아져 가해자 소년은 가벼운 처벌을 받게 돼요. 양측의 갈등을 해소하고 상처를 치유해서 함께 회복하고 성장하는 목 표를 가진 화해권고 제도가 자칫 부모의 재력에 의해 좌지우지 될 수 있어요.

흔히 청소년을 감정 변화가 급격해서 질풍노도의 시기라고 불러요. 청소년은 가정 환경과 친구나 이성 관계, 학업과 같은 외부 환경에 민감하게 반응할 수밖에 없어요. 외부 환경에 따라 반사회적인 비행 소년으로 전락할 수도 있고, 반대로 건전한 성인으로 성장할 수도 있어요. 그런 면에서 볼 때, 촉법소년도 할 말이 있을 거예요.

내가 이렇게 된 것은 열악한 환경 탓이야. 애초에 내가 선택할 수 없었어.

환경은 어른들이 제공한 것이에요. 그래서 우리는 그 누구도 소년 범죄에서 자유로울 수 없어요. 기성세대와 공동체, 사회가 촉법소년 문제를 함께 해결하기 위해 관심을 가져야 해요.

히가시노 게이고의
《편지》

죄를 짓고 교도소에 다녀오면 '죗값을 다 치렀다'라고 말해요. 죗값이란
무엇일까요? 그건 형법에 적힌 문장일 뿐이에요. 피해자의 의견이나 감정
같은 건 반영되어 있지 않아요. 피해자의 생각은 어떨까요? 가해자가
죗값을 치렀으니 이제 죄의식을 느낄 필요가 없는 것일까요? 2003년,
일본 작가 히가시노 게이고는 소설 《편지》를 통해 이 질문을 세상에
던졌어요. 줄거리는 다음과 같아요.

츠요시와 나오키는 고아예요. 형 츠요시는 생활비와 동생 나오키의 학비를
벌기 위해 닥치는 대로 일했어요. 하지만 특별한 기술도 지식도 없는
츠요시가 할 수 있는 일은 기껏해야 저임금을 받는 육체노동뿐이었어요.
그마저도 허리를 다치는 바람에 츠요시는 일을 할 수 없었어요.
궁지에 몰린 츠요시는 부잣집을 털러 들어갔다가 집주인 할머니에게
들키자 우발적으로 할머니를 살해했어요. 츠요시는 교도소에 들어가고
홀로 남겨진 나오키는 아르바이트를 하면서도 밴드 활동을 하는 등
필사적으로 살아가요. 하지만 살인자의 동생이라는 소문은 그림자처럼
나오키를 따라다녔고, 그때마다 나오키는 일하던 곳에서 쫓겨났어요.

한편, 츠요시는 교도소에서 동생 나오키에게 한 달에 한 통 편지를 보냈어요. 자신의 어리석은 행동에 대한 반성과 못난 형 때문에 곤란한 처지가 된 나오키에게 미안한 마음을 듬뿍 담은 편지였어요. 하지만 형의 과거 때문에 인생이 고달픈 나오키에게 형의 편지는 반갑지 않았어요. 나오키는 답장을 쓰는 대신 형 몰래 주소를 옮겼어요. 그러고는 형이 죄수라는 사실을 숨긴 채 어렵게 취직하고 결혼까지 해요.

하지만 형의 존재가 다시 회사에 알려지면서 나오키는 창고 관리 부서로 쫓겨나요. 나오키는 힘들게 쌓아 올린 탑이 와르르 무너진 듯한 절망감을 느껴요. 왜 형이 한 짓 때문에 자신이 이토록 고통을 겪어야 하는지 나오키는 이해할 수 없었어요. 이런 나오키에게 회사 사장은 차별이 당연하다고 말해요.

사람들이 범죄자 가족을 멀리하는 건 자기방어 본능으로 범죄자와 그 가족은 사회의 차별을 감수해야 한다고 말하죠. 죄를 지으려는 사람은 자신뿐만 아니라 가족도 덩달아 벌을 받는다는 사실을 깨달아야 한다고 말이에요.

그래도 나오키는 사장의 말을 납득할 수 없었어요. 어느 날, 딸 미키가 날치기꾼에게 맞아서 의식을 잃는 큰 사고가 발생해요. 며칠 후, 날치기꾼의 부모가 나오키 부부를 찾아와 아들의 행동을 사죄해요. 분이 덜 풀린 나오키는 부부의 사과를 받아주지 않아요. 자신도 피해자의 처지가 되자 나오키는 알 수 있었어요. 그때 형이 살해한 사람의 유가족도 지금 자신처럼 범인과 그의 가족을 용서할 수 없었을 거라고 말이에요.

나오키는 형에게 편지를 써요. 그동안 차마 말하지 못했지만, 자신은 형 때문에 너무 고통스러웠다고, 이것도 형이 치러야 할 죗값이라고, 앞으로 형과의 관계는 끊을 테니, 출소해도 자신을 찾지 말아 달라고.

그런 다음 나오키는 아내와 함께 형에게 살해당한 할머니 집에 가서 유가족에게 사죄해요. 유가족은 나오키에게 편지 꾸러미를 보여줘요. 그것은 형 츠요시가 교도소에서 할머니 유가족에게 보낸 사죄 편지들이었어요. 유가족은 나오키에게 이것으로 모든 관계를 끝내자고 말해요.

시간이 흐르고, 나오키는 밴드 활동을 했던 옛 친구들과 교도소로 위문 공연을 가요. 노래를 부르는 나오키의 눈에 사죄하듯 두 손을 가슴 앞에 모은 한 죄수가 보였어요. 형 츠요시였어요.

출처

▸ 68쪽, 유튜브 문돼국TV

▸ 77쪽, 찰스 디킨스,《올리버 트위스트》, 현대지성, 2020, 128쪽

▸ 135쪽, 체사레 베카리아,《베카리아의 범죄와 형벌》, 이다 북스, 2022, 60쪽

표

25쪽, 국가별 형사 책임 최저 연령(한국형사법무정책연구원 「소년강력범죄에 대한 외국의 대응 동향 및 정책 시사점 연구」 2017) | 112쪽, 촉법소년 보호 처분 현황(대법원 사법연감) | 129쪽, 소년범 처벌 여론 조사(여론조사 전문기관 리얼미터)

사진

27쪽, 명동성당(셔터스톡) | 35쪽, O.J.심슨(게티이미지) | 51쪽, 트레드밀(게티이미지) | 66쪽, 김천소년교도소(법무부) | 76쪽, 공장에서 일하는 소년(셔터스톡) | 87쪽, 하우스 오브 레퓨지(위키미디어커먼즈) | 105쪽, 메신저 보이(게티이미지) | 119쪽, 루이 16세 처형(게티이미지) | 153쪽, 넬슨 만델라와 데스몬드 투투 대주교(셔터스톡)

참고 자료

도서

심재광,《소년을 위한 재판》, 공명, 2019

사와노보리 토시오,《소년법》, 강원대학교출판부, 2007

한영선 외 공저,《2020 소년법 강의》, 솔과학, 2020

임수희,《처벌 뒤에 남는 것들》, 오월의봄, 2019

한인섭,《형벌과 사회통제》, 박영사, 2006

공정식 외 공저,《회복하는 피해자학》, 한국심리과학센터(KAPS), 2016

제라드 도텔,《이유 있는 반대》, 개마고원, 2010

서윤호 외 공저,《10대를 위한 재미있는 형법 교과서》, 다른, 2013

체사레 베카리아,《베카리아의 범죄와 형벌》, 이다북스, 2022

히가시노 게이고,《편지》, 랜덤하우스코리아, 2006

논문

하태선 · 배임호,「소년범죄 피해자 및 가해자의 관계회복 경험에 관한 사례연구-
　　서울가정법원 화해권고제도 참여학생을 중심으로」

장규원 · 백일홍,「회복적 이념의 형성 과정에 관한 고찰」

법원 행정처,「소년 통고실무」

이승현 · 박성훈,「소년강력범죄에 대한 외국의 대응 동향 및 정책 시사점 연구」

이계정,「신탁의 기본 법리에 관한 연구-본질과 독립재산성」

윤일중,「선진 소년사법제도 분석을 통한 소년강력범죄 대응방안 연구」

문선주,「소년 형사사법절차의 개선에 관한 연구 – 통합적 운용가능성을 중심으로」

조지만 · 김대홍,「조선시대 형사책임능력에 관한 연구- 법전 규정과 약간의 사례를
　　중심으로」

안성훈 · 김성돈,「조선시대의 형사법제 연구」

신정윤,「전시체제기 소년사법 보호정책의 성격과 식민지 특성」

김현철,「일제 강점기에 있어서의 소년불량화의 담론 형성」

이덕인,「형사책임연령 하향에 대한 비판적 고찰 :형사미성년과 촉법소년을 중심
　　으로」